D0921155

MICHEL BRÛLÉ

4703, rue Saint-Denis
Montréal, Québec H2J 2L5
Téléphone : 514 680-8905
Télécopieur : 514 680-8906
www.michelbrule.com

Maquette de la couverture et mise en pages : Jimmy Gagné
Photo de la couverture : Collection Claude Chapdelaine
Révision, correction : Élyse-Andrée Héroux, Élaine Parisien

Pour joindre l'auteur : y.lever@videotron.ca

Distribution : Prologue
1650, boul. Lionel-Bertrand
Boisbriand, Québec J7H 1N7
Téléphone : 450 434-0306 / 1 800 363-2864
Télécopieur : 450 434-2627 / 1 800 361-8088

Distribution en Europe : D. N.M. (Distribution du Nouveau Monde)
30, rue Gay-Lussac
F-75005 Paris, France
Téléphone : 01 43 54 50 24
Télécopieur : 01 43 54 39 15
www.librairieduquebec.fr

Les éditions Michel Brûlé bénéficient du soutien financier du Gouvernement du Québec – Programme de crédit d'impôt pour l'édition de livres – Gestion SODEC et sont inscrites au Programme de subvention globale du Conseil des Arts du Canada. Nous reconnaissons l'aide financière du gouvernement du Canada par l'entremise du Programme d'aide au développement de l'industrie de l'édition (PADIÉ) pour nos activités d'édition.

Société
de développement
des entreprises
culturelles
Québec ✚✚

J.A. DeSève
Diffuseur d'images

Du même auteur

Cinéma et société québécoise, Montréal, Éditions du Jour, 1972

Cinémas canadien et québécois, avec Pierre Pageau,
Montréal, Collège Ahuntsic, 1977

Le cinéma de la Révolution tranquille, de Panoramique
à Valérie, Montréal, Yves Lever, 1991

L'analyse filmique, Montréal, Boréal, 1992

Histoire générale du cinéma au Québec,
Montréal, Boréal, 1988 et 1995

Les 100 films québécois qu'il faut voir, Québec,
Nuit blanche, 1995

Petite critique de la déraison religieuse,
Montréal, Liber, 1998

Chronologie du cinéma au Québec
(en collaboration avec Pierre Pageau),
Montréal, Les 400 coups, 2006

*Dictionnaire de la censure au Québec :
littérature et cinéma*, (direction, avec Pierre Hébert
et Kenneth Landry), Montréal, Fides, 2006

Anastasie ou la censure du cinéma au Québec,
Québec, Septentrion, 2008

Collaboration à plusieurs ouvrages collectifs,
dont le *Dictionnaire du cinéma québécois*
(de Michel Coulombe et Marcel Jean),
*Le cinéma québécois des années 80, Jamais plus comme avant :
Le Québec de 1945 à 1960*

Panorama de la littérature québécoise contemporaine (1997)

Recherche, collaboration au scénario
et à la fabrication du documentaire
Les ennemis du cinéma de Karl Parent (2008)

J.A. DeSève

Diffuseur d'images

Yves LEVER

Avant-propos

« Vous n'allez pas raconter cela ? — Ici,
c'est l'Ouest, monsieur ; quand la légende
devient un fait, on publie la légende ! »
John Ford, *L'homme qui tua Liberty Valance*

« Les morts sont tous des braves types. »
Georges Brassens

Les biographies de personnalités québécoises
ne manquent pas. Donnez un nom et, presque
inévitablement, on le retrouve dans le catalogue de la
Bibliothèque nationale. Chaque personne qui a fait
sa marque quelque part ou qui a créé un événement
s'est vu consacrer un ou plusieurs ouvrages. Chez
les personnages politiques, il y a pléthore, souvent
avec beaucoup de contradictions ; que retenir au
sujet de René Lévesque ou de Pierre Elliott Trudeau,
par exemple ? Dans le domaine culturel, les milliers
de pages qui furent écrites au sujet des Nelligan,
Lionel Groulx, Gratien Gélinas, Anne Hébert, etc.,
désespèrent le curieux. Combien de livres, de films
ou de chansons sur Maurice Richard ? Et combien de

ces récits de la vie de vedettes tels Janette Bertrand, Danielle Ouimet, Guy Lafleur, Gilles Villeneuve, Dominique Michel, Nathalie Simard, etc., pour lesquels l'intérêt ne dure que le temps d'une saison littéraire ?

Chose curieuse, on ne trouve presque rien sur Joseph Alexandre DeSève, pourtant une des personnalités les plus remarquables – et les plus controversées – de l'histoire de la culture québécoise. Il n'a encore fait l'objet que de courtes mentions dans des magazines populaires, dans des ouvrages peu connus ou carrément oubliés. En février 1999, *L'Actualité* lui consacre un paragraphe dans son dossier souvenir intitulé « 100 Québécois qui ont fait le 20e siècle », section des « bâtisseurs », à côté des Alphonse Desjardins, Joseph-Armand Bombardier, Pierre Péladeau, Ludmilla Chiriaeff, etc. Cette même année, un scénario est développé à TVA en vue d'un long métrage qui honorerait le fondateur à l'occasion du quarantième anniversaire de l'institution en 2001, mais le projet est abandonné. En 2006, un quart d'heure lui est dédié dans la série télévisée *100 Québécois qui ont fait le XXe siècle*. Dans *Le succès est au film parlant français* (1979), Pierre Véronneau, chercheur de la Cinémathèque québécoise, donne un aperçu général de la carrière de J.A. DeSève, mais l'ouvrage développe un sujet plus général et, malgré sa valeur, il soulève beaucoup de questions sans réponses, précisément parce qu'il ne se veut pas une biographie et parce qu'il ne concerne que les décennies consacrées au cinéma, avant que DeSève nc crée Télé-Métropole (aujourd'hui, le Groupe TVA). De cette étude ressort le fait que le personnage est profondément énigmatique et que certaines de ses entreprises des années 1930 à 1950 cachent des affaires difficiles à démêler. Dans les bases de données auxquelles Internet donne accès, le nom DeSève apparaît en de très nombreuses occasions, mais presque toutes concernent la Fondation J.A. DeSève, organisme de bienfaisance qu'il a mis sur pied deux ans avant son décès.

Énigmatique, le personnage de J.A. DeSève… Quand j'amorce la recherche pour sa biographie, je constate une carence d'informations sur des pans entiers de son histoire, alors que sur certains passages en particulier circulent beaucoup de légendes urbaines. Voilà de quoi titiller un esprit curieux ! Quand je m'attelle à ma propre revue de presse, en commençant par les nombreux articles publiés dans divers médias au moment de son décès, le 3 septembre 1968, certains éléments du tableau me sautent aux yeux : rien n'est dit au sujet d'une quelconque épouse ou parenté, hormis le fait qu'il est né dans une famille nombreuse du quartier Saint-Henri de Montréal et qu'il a une fille ; les nombreuses photos sur lesquelles il apparaît, des années 1930 à sa mort, le montrent presque toujours seul, alors que, au moment d'événements comme les premières de films ou l'ouverture de Télé-Métropole, ses collègues sont généralement accompagnés de leur épouse ou d'une compagne ; une grande partie des renseignements concernant son implication au sein de France-Film sont inexacts et semblent appartenir à une légende savamment construite pour mettre l'homme en évidence tout en cachant des moments cruciaux mais moins glorieux de son parcours. Quand je commence la série d'interviews à son sujet, plusieurs des personnes que je questionne, qui l'ont connu surtout au moment de la fondation de Télé-Métropole et au cours des années qui l'ont suivie (les témoins de la période d'avant 1960 sont en grande partie disparus), me disent spontanément qu'avant d'aller travailler avec lui, elles partageaient un certain nombre de préjugés, acquis elles ne savent trop où, au sujet de sa dureté en affaires et de son habileté à emberlificoter ses partenaires. « Il était très dur et rusé en affaires, même avec ses employés, mais il avait bon cœur pour les gens autour de lui quand il les voyait dans le besoin », écrit son concurrent d'alors, Jean-Pierre Desmarais. Dureté et bon cœur… « Un grand enfant aux enthousiasmes sympathiques, mais souvent irraisonnés », disait de lui Gratien Gélinas en 1953. Les paradoxes sont-ils insolubles ?

« On ne prête qu'aux riches… » La vérité du proverbe s'impose à moi dès que je commence à rassembler les pièces du casse-tête. En affaires, les activités de DeSève dépassent de loin tout ce qu'on a pu en dire. Tout n'est pas limpide, et beaucoup de sources ont un peu mystérieusement disparu. En enquêtant sur sa vie personnelle, non seulement je lui découvre une épouse, des maîtresses, des enfants, des liens avec ses nombreux frères et sœurs, mais une vie familiale peu commune. Dès les années 1940, au moment où la fortune commence à lui sourire, il développe une implication communautaire et une philanthropie rares pour l'époque. Dans les interviews que je réalise, si l'aspect «les morts sont tous des braves types» prime, il ne faut pas beaucoup de temps pour que surgissent quelques «mais...» qui ne manquent pas de pertinence.

La quête d'informations au sujet de DeSève fut très ardue. De par son tempérament et, il faut le dire, à cause d'événements de sa vie personnelle qu'il tenait à garder secrets, DeSève est toujours demeuré en retrait de la presse et des caméras. Il préférait envoyer ses collaborateurs au front, se satisfaisant de sa position de stratège et de directeur général entre les murs de son bureau. À ses collaborateurs, il ne livrait que fort peu de confidences et seulement après une longue fréquentation. Il aimait mieux s'intéresser à la vie de ses interlocuteurs que leur parler de lui-même. Quand il le faisait, c'était avec parcimonie, et encore, ses révélations tenaient parfois de la petite légende qu'il avait construite à partir de faits réels et qui comportait souvent des exagérations flatteuses ; ainsi en est-il du nombre de ses frères et sœurs, qui n'est jamais le même (allant jusqu'à 17, le plus souvent 10), de ses études, des métiers qu'il a exercés avant 1933. Les bribes qu'il révélait aux uns et aux autres étaient différentes, de sorte que personne ne pouvait brosser un tableau complet. Il n'était pas du tout du genre à rédiger un journal ou à conserver un album de souvenirs familiaux. Sur les 40 premières années de sa vie, il n'a pratiquement pas conservé d'archives ;

pourtant, ces années furent remplies d'emplois divers et parsemées de la création de plusieurs compagnies, dont nous ne trouvons la trace que dans les archives officielles, dans des coupures de presse, dans l'annuaire Lovell ou dans les souvenirs de neveux très âgés. Après son décès, les responsables de sa succession qui ont vidé ses deux résidences, surtout Roland Giguère et Marcel Faribault, ont-ils mis la main sur des dossiers, sur des caisses de documents personnels (lettres, factures, passeports, photos, etc.)? Si oui, ils les ont bien cachés, et personne ne semble en avoir entendu parler.

Rassembler les parcelles d'une biographie, c'est comme réunir, puis assembler les milliers de pièces d'un énorme casse-tête, à l'exception du fait que l'on sait d'avance que l'on ne pourra trouver tous les morceaux et que la mosaïque restera incomplète. On espère seulement qu'elle ne comportera pas de gros trous et que l'ensemble du tableau sera bien perceptible. Dans le flot d'anecdotes racontées par le héros lors d'interviews ou dans les récits des uns et des autres, on souhaite repérer correctement le détail qui polarisera un ensemble de comportements et leur donnera un sens. On se sent toujours un peu comme le journaliste qui reconstitue la vie de Charles Foster Kane dans le *Citizen Kane* d'Orson Welles, et on aimerait bien trouver la petite anecdote significative, le « Rosebud » qui révèle tout le personnage à la fin. Est-il possible de dégager une ligne de force qui décrirait justement la personnalité complexe d'un J.A. DeSève? J'espère qu'elle apparaîtra au fur et à mesure que se déroulera le fil des jours et des années.

Je veux relater avant tout l'insertion de DeSève dans le monde des affaires et dans l'histoire de la culture québécoise. Mais il faut raconter aussi les principales péripéties de sa vie personnelle, car chacun des deux volets éclaire l'autre. La plus grande partie des personnes à qui j'ai parlé de ma recherche depuis un an avaient de savoureuses anecdotes à raconter. Certains de ces récits décrivent très bien le personnage ; d'autres relèvent davantage de la légende urbaine et ont peu à voir avec les faits réels. Il n'a pas été facile de départager les uns et les autres, mais je pense y être arrivé.

Au moment où je rédige ces pages, Rollande et Marie Thérèse, l'aînée et la cadette des trois filles de DeSève, vivent toujours à Montréal et à Laval. À cause de sa santé, Rollande n'est plus en état de communiquer. Marie Thérèse pourrait sûrement contribuer à résoudre quelques-unes des énigmes qui subsistent toujours après ma longue enquête. Mais, pour des raisons connues d'elle seule, elle n'a pas voulu me recevoir, comme elle a refusé toute sa vie de rencontrer la presse au sujet de son père.

Par contre, j'ai pu entrer en contact avec plusieurs personnes qui ont côtoyé DeSève, au moment de la création et durant les premières années de Télé-Métropole, mais aussi pendant les 25 années précédentes. Le photographe et *cameraman* Roméo Gariépy, qui a travaillé avec lui dès 1936 et que j'ai pu interviewer en début de recherche, a été d'une aide précieuse pour ouvrir des pistes et indiquer quelles veines fouiller. Le responsable de la Société d'histoire de Lanoraie, Jacques Sicard, a aussi fait preuve d'une grande générosité en me livrant ses souvenirs personnels et en organisant pour moi une rencontre avec trois dames de cette ville, sources de précieux renseignements. De nombreuses autres personnes qui ont connu personnellement DeSève m'ont tout aussi généreusement consacré le temps nécessaire pour communiquer leurs connaissances ou pour confirmer les informations recueillies d'autres sources : que soient spécialement remerciés mesdames Claude Chapdelaine, Danielle Piette, Thérèse Arpin, Denise Champagne et Laurette Richer ; messieurs Roméo Gariépy, Jacques Sicard, Claude Pelletier, René Leroux, Gilles Loslier, Gilles Vinet, Michel Canello, Pierre Patry, André De Sève, Michel Arpin et Denis Héroux. Que soit remercié avant tout Pierre Véronneau, universitaire et chercheur à la Cinémathèque québécoise, qui a défriché, dès les années 1970, une partie importante de la vie de J.A. DeSève et qui a fourni des pistes essentielles à ma recherche.

Chapitre 1
Naître à Saint-Henri-des-Tanneries

J.A. DeSève voit le jour en 1896 dans le quartier montréalais de Saint-Henri. Les origines de cette agglomération remontent à 1685. Cette année-là, le maître tanneur Jean Mouchère prend la route reliant Hochelaga à Lachine et s'arrête à mi-chemin pour s'installer près d'un ruisseau coulant de la montagne. Pour le tannage des peaux, il a besoin d'une grande quantité d'eau. C'est ainsi que débute l'histoire de Saint-Henri-des-Tanneries. Mouchère y est bientôt rejoint par quelques familles pratiquant le même métier. Quelque 150 ans plus tard, près de 500 habitants forment un village que l'on nomme familièrement Tanneries-des-Rolland, du nom d'une grande famille dont les membres se transmettent, d'une génération à l'autre, depuis un siècle, les secrets de la fabrication d'un cuir de qualité. La moitié de la population vit des divers métiers liés au cuir (tanneurs, cordonniers, selliers, etc.). Déjà, les Sulpiciens, qui dirigent la paroisse Notre-Dame, y ont construit une chapelle, et une demoiselle Rolland instruit quelques-uns des enfants dans une petite école. Tout autour, des fermes fournissent les produits de base de l'alimentation. Aujourd'hui, sur ces terres et au-dessus, des dizaines de milliers d'autos se croisent quotidiennement sur des autoroutes et aux multiples étages de l'échangeur Turcot.

L'ouest de l'île de Montréal au tournant du XXᵉ siècle.
La ville de Saint-Henri se retrouve précisément sous la bande de fumée, d'où son surnom de «Smoking Valley».

En ce qui concerne les échanges commerciaux avec l'Ouest du pays, la route terrestre entre Montréal et Lachine est rapidement devenue insuffisante. La voie maritime est impraticable à cause des imposants rapides. Pour les contourner, l'État fédéral construit le canal Lachine, inauguré en 1825 et deux fois élargi avant la fin du XIXᵉ siècle. Sur ce chemin d'eau circulent les barges des Grands Lacs qui apportent le blé de l'Ouest, et toutes sortes de chalands et de péniches qui font l'aller-retour entre le port de Montréal et le lac Saint-Louis. Sur les rives du canal surgissent des manufactures et des usines qui emploient beaucoup de travailleurs dans les secteurs de l'alimentation, de la chaussure, des vêtements, du tabac, des fonderies, etc. Les salaires sont peu élevés, et il faut le plus souvent aux hommes une deuxième source de revenus pour faire vivre leur nombreuse famille, mais le chômage est rare. Les déménagements sont fréquents, soit pour s'ajuster à la taille des familles, soit pour suivre les fluctuations du salaire, mais le plus souvent, on reste dans le quartier. En général, la totalité du revenu va à l'alimentation et au logement.

En ce milieu du XIXe siècle, la fréquentation de l'école primaire n'est pas encore obligatoire. Les parents peuvent garder les enfants à la maison et les employer aux tâches quotidiennes, ou encore les placer dans une usine afin qu'ils contribuent au revenu de la maisonnée. À compter de 1885, une loi provinciale interdit aux entreprises d'engager des garçons de moins de 12 ans et des filles de moins de 14 ans, mais elle n'est pas bien appliquée. Même en 1899, les jeunes ne gagnent souvent que trois dollars par semaine, la moitié du salaire des adultes. Souvent, les femmes rapportent un peu d'argent en accomplissant de petits travaux à la maison, par exemple pour les usines de vêtements.

La population croissant rapidement, des milliers d'habitations sont construites. Tanneries-des-Rolland s'étend vers le sud-est et donne naissance en 1875 à la ville de Saint-Henri, laquelle continuera de se développer et s'incorporera finalement à Montréal en 1905. Pendant longtemps, le quartier conserve toutefois son surnom de Saint-Henri-des-Tanneries (on l'appelle aussi parfois Saint-Henri-les-Tanneries).

Parallèlement au canal Lachine, au milieu du siècle, une voie ferrée lie Montréal à Lachine. De là, marchandises et produits seront chargés sur des barges qui les emmèneront vers l'autre rive du lac Saint-Louis, d'où ils pourront reprendre le chemin vers l'ouest. Avec l'inauguration du pont Victoria en 1860, les trains peuvent maintenant traverser le fleuve et rejoindre le réseau américain qui est aussi en train de se façonner. Dans la nouvelle ville se font entendre une partie de la journée les sirènes de tous les engins flottants et les grincements stridents des treuils des écluses. Ces bruits se mêlent aux sifflets des trains, aux sonneries des passages à niveau, aux raclements des roues d'acier sur les rails. La paroisse Saint-Henri, créée en 1867, se dote, deux ans plus tard, d'une majestueuse église, ce qui témoigne de la prospérité de la région. Les Sœurs de Sainte-Anne, puis les Frères des Écoles chrétiennes érigent les premières écoles. Dans la partie est du quartier, la plus vieille, qui touche la rue Atwater, règne un sentiment d'appartenance qui s'est développé depuis plusieurs décennies et qui date parfois même du temps des toutes premières tanneries.

En 1900, la ville de Saint-Henri compte 19 000 habitants. Elle a un système d'eau indépendant, non raccordé à celui de Montréal. Beaucoup de maisons sont encore en bois, ce qui fait que les incendies sont fréquents. Il n'existe aucune planification urbaine, ni réglementation municipale quant à l'implantation des usines, de sorte que le développement est anarchique. On fonctionne au cas par cas, sans se préoccuper de l'environnement. La municipalité donne des subventions, des terrains, des exemptions fiscales pour attirer tous les types possibles d'industries et de commerces. Les rues ne sont pas encore pavées. La poussière soulevée par le passage des trains flotte constamment dans l'air. Les jours de pluie, on ne peut circuler que dans une boue épaisse. Plusieurs usines lancent dans l'atmosphère une suie ou une fumée qui imprègnent les vêtements mis à sécher sur les cordes à linge. Il n'y a pas encore de système d'égout ; l'odeur des «bécosses», au fond des cours, se répand partout. Les jours de canicule, la puanteur des abattoirs s'étend sur presque toute la ville. Les industries déversent leurs déchets dans le canal Lachine, qui devient de plus en plus pollué, même s'il n'y paraît guère à cause du débit du courant.

La lignée DeSève

Originaires du Poitou, en France, les DeSève tiennent leur nom de leur région d'origine, Deux-Sèvres. Pour la graphie du nom, on retrouve parfois Desève, De Sève ou Desèves ; dans la même famille, on voit même des DeSève se mettre à signer De Sève. Comme le sujet de ce livre a toujours lié De à Sève dans sa signature et qu'il utilise cette forme dans son testament, c'est la seule que l'on lira quand il s'agira de lui, même si des membres de sa famille et des médias en ont souvent employé une autre. Au Canada, on retrouve des DeSève dès la fin du XVIIe siècle à Montréal, et peu après dans Lanaudière, dans les Cantons-de-l'Est, dans Charlevoix. Ils sont agriculteurs, commerçants, notaires, avocats ; au moment des troubles de 1837, un abbé, François-Xavier De Sève, est vicaire à Saint-Eustache, puis curé à Saint-Augustin, dans le diocèse de Montréal ; c'est lui qui officiera au mariage d'Alexandre DeSève, le grand-père de notre Alexandre, en l'église Notre-Dame-de-Montréal, en 1842. On peut donc parler d'une très vieille famille québécoise. Au début de son témoignage devant le Bureau des gouverneurs de la radiodiffusion, le 8 mars 1960, J.A. DeSève se montre très fier de ses origines :

« Mon ancêtre paternel se nommait Denis DeSève ; il est né en France en 1660 et il est arrivé au Canada en 1690 à l'âge de 30 ans.

Du côté de ma mère, l'ancêtre était Jean Ouimet. […] Ce Jean Ouimet est né en 1634 à Rennes en Bretagne, il est arrivé au Canada en 1660 et s'est installé à Québec.

Douze membres de ma famille, tant du côté paternel que maternel, ont fait partie du célèbre régiment royal de Carignan. Six autres ont été tués par les Iroquois alors qu'ils travaillaient à bâtir ce Canada que nous aimons tant. Je suis orgueilleux et fier d'être Canadien d'une aussi vieille souche. »

On trouve des DeSève à Tanneries-des-Rolland dès la première moitié du XIXe siècle. François-Xavier y est cordonnier et il a une grosse famille. Parmi ses fils se trouvent Élie, qui reprendra le métier paternel, et Alexandre, né le 21 août 1816. C'est la lignée d'Alexandre qui nous intéresse. Selon les registres paroissiaux qui ont gardé la trace de son mariage et des baptêmes de ses enfants, sa profession est « écuyer, avocat ». Il est effectivement avocat et conseiller municipal ; il travaille aussi pour un grand cabinet de Montréal ; à l'époque, le terme « écuyer » désigne plusieurs métiers liés à l'ordre public : juges de paix, shérifs, etc. Il fréquente la petite bourgeoisie locale et les notables, auxquels il est uni par des alliances matrimoniales et par des associations d'affaires. Les registres paroissiaux, qui inscrivent, à cette époque, la profession des parrains et marraines de ses enfants et petits-enfants, constituent une excellente source de renseignements à ce sujet. Le 12 juillet 1842, Alexandre épouse Marguerite Lenoir-Rolland, apparentée, comme son second nom l'indique, à l'une des plus vieilles familles du quartier. Le couple aura 15 enfants entre 1844 et 1864. Plusieurs meurent en très bas âge, les autres ne vivent généralement pas très vieux ; lors du décès, en 1907, de François-Xavier, le sixième de la famille et père de notre Joseph Alexandre, il n'en reste plus que quatre, trois frères et une sœur, dont Alfred, qui poursuit alors une honorable carrière de violoniste de concert et de professeur de musique, et Claire, épouse de Fabien Vanasse, avocat et député à Ottawa pendant 12 ans.

François-Xavier naît le 20 juillet 1851. Après une dizaine d'années d'études, il obtient à 16 ans un poste de commis dans l'administration municipale de Saint-Henri, ville en pleine expansion. Rapidement, il devient commis comptable au service de l'aqueduc et de la distribution de l'eau, dont il obtient bientôt la responsabilité ; il y œuvrera pendant 23 ans, tout en occupant parallèlement le poste de secrétaire-trésorier de la municipalité, qui passe de 2 500 habitants en 1875 à 25 000 en 1905 et qui, pour servir sa population, doit alors se doter de toute l'infrastructure d'une ville moderne : rues, égouts, eau potable, électricité, transport, écoles, etc. Le quotidien *L'Étendard* (12 septembre 1883) fait l'éloge de l'efficacité de François-Xavier DeSève, qui parvient à manœuvrer de façon à ce que les revenus excèdent les dépenses. En 1900, celui-ci passe à la commission scolaire, autre institution en rapide développement, où il occupe, pour les sept dernières années de sa vie, le poste de secrétaire-trésorier.

Les grosses familles se suivent

Si la commission scolaire voit augmenter sa clientèle, on peut dire que François-Xavier fournit sa part ! Il se marie le 23 avril 1884, à 32 ans, âge plutôt inhabituel à l'époque pour un premier mariage, avec Adeline Ouimet, nièce de Gédéon Ouimet (1823-1905), ancien premier ministre du Québec. Adeline, qui donnera naissance à 16 enfants, surclassera sa belle-mère. Une première fille, Nélida, naît le 30 janvier 1885. Seize mois plus tard, le 3 mai 1886, naît un garçon qu'on n'aura même pas le temps de baptiser avant de l'enterrer ; il ne sera qu'ondoyé.

Le 5 juillet 1887 arrive Napoléon Xavier qui, malheureusement, ne survit que quelques mois. Il en est ainsi pour la deuxième fille, Alexandrine Adeline Léonide, qui naît le 14 octobre 1889 et meurt le 15 mars 1890, pour un premier Alexandre, qui ne survit qu'un mois (1890), et pour une première Marguerite Antoinette (1895). Des neuf premiers enfants, cinq n'ont pas vécu un an. La région montréalaise, et particulièrement ses quartiers ouvriers, a alors un des taux de mortalité infantile les plus élevés en Occident : un enfant sur quatre décède avant d'atteindre l'âge d'un an. En plus de l'aînée ont survécu Oscar Jean-Baptiste (1888-1966), François-Xavier (1890-1941) et Lionel (1893-1964).

Dans la lignée, Joseph Alexandre Antoine arrive le dixième. Il naît le 14 septembre 1896 et est baptisé le lendemain à l'église de Sainte-Élisabeth-du-Portugal, une toute nouvelle paroisse créée l'année précédente par la subdivision de celle de Saint-Henri ; il a pour parrain son oncle Charles DeSève, teneur de livres, et pour marraine Nélida DeSève, sa grande sœur. Selon la coutume de l'époque, qui va durer encore une cinquantaine d'années, le premier prénom, Joseph, est presque automatiquement attribué à tous les garçons, comme Marie l'est aux filles (les deux prénoms renvoient au couple parent de Jésus-Christ). Le choix d'Alexandre rappelle évidemment le grand-père, et c'est par ce prénom qu'on désignera l'enfant ; Antoine, son troisième prénom, ne sera jamais employé. Ce n'est que plus tard, une fois rendu sur le marché du travail, qu'Alexandre signera

JosephAlexandre et que ses proches simplifieront les choses en le surnommant J.A. La naissance du jeune Alexandre est suivie de celle d'Antonio (1898-1956), de Charles (1899-1982), de Paul (1901-1969), de Julien (1902-1973), de Marguerite Antoinette (1903-1947) et de Gabrielle (1905-1968).

Les parents de J.A. DeSève vivent d'abord sur la rue Notre-Dame, artère principale et surtout commerciale de la ville, puis, en 1893, lorsque la rue Delinelle est construite, ils emménagent dans une maison neuve, au numéro 270, une grande demeure de deux étages, dans une rangée de maisons de ville en briques. La rue est située dans la partie ouest de la ville, une section résidentielle en plein développement; de ce fait, à cause des vents dominants qui soufflent généralement d'ouest en est, les relents putrides des abattoirs et de certaines usines ne s'y rendent pas. Le canal Lachine se trouve à quelques centaines de mètres au sud de l'habitation. De la maison, on entend les sirènes des diverses embarcations, et ce bruit constant, qui évoque l'évasion et les longs voyages, stimule l'imagination. Dans divers commerces de la rue Notre-Dame, qui est à deux pas, Adeline peut trouver tout ce qu'il faut pour nourrir et habiller la famille. Quand ils ont quelques sous, les enfants accourent à une crémerie pour y acheter un cornet de crème glacée. Les adolescents et les adultes y prennent le tramway qui les emmène à leur lieu de travail ou parfois dans le Vieux-Montréal.

François-Xavier a un emploi permanent et bien rémunéré, mais la famille est nombreuse et les revenus suffisent tout juste à lui assurer un train de vie modeste, quoique supérieur à celui des ouvriers des usines qui demeurent dans les petites maisons en bois des rues plus à l'est. À la maison, Adeline assure la discipline et veille à l'organisation générale ; elle a de la poigne et elle est très sévère, racontera J.A. longtemps plus tard, mais il le faut pour tenir en place huit garçons et trois filles pleins d'énergie. Comme François-Xavier provient d'une famille qui valorise beaucoup la musique (un article consacré à son frère Alfred affirme que tous les membres de la famille pouvaient toucher le violon, par un simple don naturel), il initie la maisonnée aux musiques traditionnelle et classique. Les beaux jours d'été, il emmène les enfants écouter la fanfare municipale qui se produit dans les parcs et dans les rassemblements populaires, comme ceux de la Saint-Jean-Baptiste.

Autour de la table familiale et sur les perrons circulent les récits de ces personnages de Saint-Henri qui sortent de l'ordinaire : Eugène Guay, parti très jeune aux États-Unis, quasi analphabète, qui en revient avec une invention brevetée, un procédé nouveau de fabrication de semelles de souliers, qui fonde une entreprise très prospère, et qui est maire de la ville de 1897 à 1905 ; Joseph Dagenais, parti à 20 ans vers le Klondike et qui en revient en 1897, à 40 ans, avec une petite fortune qui lui permet de devenir entrepreneur en construction ; Louis Cyr, le célèbre homme fort qui a travaillé durant deux ans comme policier dans la municipalité, et qui a inspiré plusieurs émules ayant donné à Saint-Henri la réputation de ville des hommes forts ; les entrepreneurs locaux ou ceux de Montréal, qui ont su bâtir des fortunes avec la croissance économique, etc. Le jeune Alexandre développe donc dans son enfance un attachement pour la culture populaire et un nationalisme canadien-français qui animera plus tard son dynamisme en affaires.

Le jeune Alexandre à 8 ans.

La première communion d'Alexandre, vers ses 10 ans.

L'instruction des enfants n'est pas encore obligatoire et, dans le quartier, beaucoup se retrouvent au travail avant même d'atteindre l'âge de dix ans. Dans la famille DeSève, toutefois, les enfants vont à l'école le plus longtemps possible, au moins jusqu'à la fin du cycle primaire. Les filles fréquentent le couvent des Sœurs de Sainte-Anne. Les plus vieux des garçons vont d'abord au collège des Frères des Écoles chrétiennes, puis, en 1896, lorsque les Frères de l'Instruction chrétienne fondent le Collège Sainte-Élisabeth, sur la rue du même nom, institution rendue nécessaire à cause de l'accroissement rapide de la population, ils s'y retrouvent. C'est là qu'Alexandre fera ses sept années d'études, de 1902 à 1909. Il aimait beaucoup étudier, dira-t-il plus tard, et s'il a quitté l'école, c'est que la mort de son père a chambardé tous les plans de la famille. Les dernières années, il fait partie de la fanfare du collège ; sur la photo officielle, en première rangée, il pose fièrement avec son clairon. Plus tard, il s'achètera une clarinette et se plaira à jouer du jazz, surtout des airs de Béchet et d'Armstrong.

À Saint-Henri, les enfants doivent organiser eux-mêmes leurs loisirs, car la municipalité est jeune et voit en priorité aux services de base pour les citoyens ; la sécurité publique n'est pas un mince souci dans les grandes rues coupées par les trains et les tramways, sans compter les diligences – et bientôt les automobiles –, toujours pressées. L'été, les garçons s'adonnent à la crosse dans les rues résidentielles ou sur le grand terrain rendu vacant par l'incendie des grands abattoirs, tout juste à l'est de la rue Delinelle.

À 12 ans, Alexandre (quatrième de la première rangée, à partir de la gauche) fait partie de la fanfare de l'école Sainte-Élisabeth.

Souvent, ils vont flâner avec leurs copains le long du canal Lachine et, parfois, ils s'y baignent quand la circulation est faible. L'hiver, en plus de tous les jeux auxquels ils s'adonnent dans la neige (creusage de tunnels, érection de bonshommes, batailles à coups de balles de neige, etc.), ils vont glisser en traîneau, ou bobsleigh, dans la « côte à Quesnel » qui sépare Saint-Henri de Westmount, au nord. Avec ces voisins qui parlent une autre langue, les bagarres de rue sont fréquentes en toute saison ! Le jeune Alexandre y participe-t-il ? À une de ses petites-filles, il affirmera que oui, mais cela peut faire partie de la légende qu'il s'est créée. Avec tous ces jeux, prend-il le goût de l'exercice physique ? Eh bien, non ! S'il est très actif dans l'enfance, il cessera toute activité sportive dès son entrée sur le marché du travail.

Saint-Henri fait partie du réseau des projectionnistes ambulants. Au tournant du siècle, Henri de Grandsaigne d'Hauterives et sa mère viennent y présenter leur *Historiographe*, spectacle composé de films bonimentés qui se veulent des leçons d'histoire. Avant d'ouvrir sa première salle, en 1906, Léo-Ernest Ouimet, un lointain cousin de la famille, vient probablement y présenter des programmes qui proviennent aussi bien de France que des États-Unis. En 1912, sous le nom de Family Theatre, au 1368, rue Notre-Dame Ouest (n° 2490, après la renumérotation de 1925), s'ouvre la salle de cinéma majestueuse qui sera rebaptisée Corona en 1923 et qui survit encore en 2008 en tant que salle de spectacles. L'adolescent Alexandre y a probablement vu ses premiers films dans une vraie salle de cinéma ; c'est la période où triomphent Mack Sennett (d'origine québécoise) avec ses comédies et D.W. Griffith avec ses drames mettant en vedette Mary Pickford ; toutefois, les intertitres en français sont rares, et la majorité des spectateurs n'y comprend goutte.

Le 12 mai 1907, François-Xavier DeSève décède à son domicile d'une crise cardiaque (une « syncope du cœur », dit le communiqué diffusé par les journaux). Il ne laisse pour tout héritage que la maison, qui n'est pas complètement payée. La famille entre dans une période difficile. L'aînée, Nélida, a déjà quitté l'école

Le théâtre Corona.

29

Alexandre, qui n'a pas encore 11 ans, reste encore deux ans à l'école pour terminer sa septième année. En cela, il est favorisé par rapport à la majorité des enfants de son temps qui, dans l'ensemble, n'a que trois ou quatre années de scolarité. Tout n'est pas rose à la maison. Il racontera plus tard que les membres de sa famille ont souvent souffert de la faim. Mais ils développent un esprit de famille qui, pour plusieurs d'entre eux, va longtemps demeurer fort. Souvent, ils créent leurs propres pièces de théâtre maison, surtout à l'occasion de Noël; ils sont assez nombreux pour occuper la scène et le parterre! Alexandre manifeste déjà son tempérament de leader en dirigeant ces représentations, démontrant aussi son talent d'organisateur et son goût de rester dans les coulisses plutôt que de parader sur la scène.

À 13 ans, Alexandre doit faire sa part pour subvenir aux besoins de la maisonnée. Six des enfants sont plus jeunes que lui et fréquentent toujours l'école, à l'exception de la dernière, encore trop jeune. Bien que toujours discret dans les entrevues sur sa vie, il s'est toujours plu à raconter qu'il s'est alors débrouillé pour obtenir des emplois généralement réservés à des adolescents : d'abord, commissionnaire pour divers commerçants du quartier ; puis, vendeur de cigarettes, de cigares, de journaux et de friandises diverses (*news boy*) pour les voyageurs des trains du Canadien Pacifique. Il y gagne trois dollars par semaine. Le poste est d'autant plus intéressant qu'il lui permet de voyager d'une gare à l'autre à partir de celle qui se trouve non loin du foyer. C'est ainsi qu'il apprend l'anglais, qu'il parlera toujours avec un accent et jamais avec plaisir, car il découvre que cette langue est celle des patrons, qui ne font aucun effort pour s'adresser aux Canadiens français dans leur langue d'origine. Il découvre aussi, par ses propres observations et par celles de ses frères et des copains travaillant en usine, que ses pareils ne peuvent espérer tout au plus que des postes de cadres inférieurs (*foremen*) ou de commis dans les grandes entreprises. Alexandre ne saurait se satisfaire de cet horizon limité.

Il connaît sûrement les cours du soir pour les travailleurs que le maire de Saint-Henri, Eugène Guay (1851-1912), a instaurés en 1898. Guay avait eu la chance d'en suivre aux États-Unis et considérait qu'un tel enseignement représentait une nécessité. Lui-même, d'ailleurs, bien que dans la cinquantaine, fréquentait ces cours, toujours avide de développer ses connaissances. On y enseignait le français et l'anglais, les bases de la comptabilité, les règles commerciales, quelques métiers simples. On n'y acquérait pas un diplôme, mais un savoir que l'on pouvait faire valoir au moment d'obtenir un emploi. L'adolescent Alexandre s'inscrivit-il à ces cours? Il ne les évoque jamais directement, mais il dira plus tard qu'il profitait de toutes les occasions possibles pour parfaire son éducation.

Pour Alexandre DeSève, être né à Saint-Henri sera souvent évoqué comme un titre de gloire; il est parti de rien dans un quartier pauvre de Montréal, ce qui ne peut que rendre plus admirable l'énergie qu'il a déployée pour s'extirper de sa condition défavorable. Au départ, le métier du père et le réseau familial pouvaient constituer des atouts, mais le fait de devenir orphelin à 11 ans lui a fait connaître la condition précaire des voisins du quartier et a façonné pour toujours sa sensibilité par rapport à l'argent. Il n'oubliera jamais cette période difficile.

Chapitre 2
DE 1915 À 1933 : L'APPRENTISSAGE DES AFFAIRES

Dès l'adolescence, Alexandre est décidé à ne pas mener une vie de médiocre envergure comme ses camarades du quartier, avec lesquels il a fait son cours primaire et qu'il croise dans le quartier. Il n'accepte pas l'idée d'aller passer sa vie à la manufacture de cigarettes, par exemple, ni de pratiquer un métier manuel où le salaire moyen dépasse à peine un dollar par jour. Par tradition familiale, si l'on peut dire, l'administration des affaires l'attire comme elle avait attiré son père. Il a entendu parler de règles de droit, de finance, d'organisation du travail, de comptabilité depuis son enfance, tant dans les conversations de ses grands-parents qu'à la table familiale, quand son père racontait sa journée de travail. Lui aussi veut passer sa vie en complet-veston, avec chemise blanche et cravate.

Sa petite expérience de vendeur dans les trains du CP lui a déjà enseigné les éléments de base du

~COLLEGE STE-ELISABETH ~
2198, RUE ST-JACQUES

Jeudi, 11 Novembre 1915

GRANDE SEANCE
Dramatique et Musicale

Donnée par le Cercle de La Mennais (A. C. J. C.) et
l'Association Musicale du Collège Ste-Elisabeth
sous le bienveillant patronage de M. le curé
J.-B.-A. Desnoyers.

TRAHISON ET REPENTIR
(CLAUDE BARDANE)
Episode de la guerre de Vendée
en 3 Actes et 1 Prologue
par Julien Richer

PROGRAMME

1	Carmen, *Marche*	-	-	Ass. Musicale
2	Jeanne d'Arc, *Ouverture*	-		Ass. Musicale
3	TRAHISON ET REPENTIR			Prologue
4	Allume! Allume! *Pas redoublé*			Ass. Musicale
5	TRAHISON ET REPENTIR			1er Acte
6	Joyeuse Aventure, *Fantaisie*	-		Ass. Musicale
7	TRAHISON ET REPENTIR			2me Acte
8	Master Loufoc, *Marche*	-		Ass. Musicale
9	TRAHISON ET REPENTIR			3me Acte
10	Carillon, *Marche*	-	-	Ass. Musicale

PERSONNAGES

Le Marquis Christian de Maulnes -	Armand St-Maurice
Robert, son fils	Armand Robert
Simon Bardane, intendant du marquis	Damase St-Maurice
Claude, son fils - - - -	Henri Bélanger
Jacques Tissier, garde au service du marquis	Alexandre Desève
Antoine Besanier, métayer, Vendéen	Aimé Valois
Guillaume Chavagne, sabotier,	Edgar Gravel
André Bernard, lieutenant, Républicain	Adrien Valois
Larbuche, soldat - - "	Armand Robillard
Boujard " "	Henri Desjardins
Libertas " "	Emile Lalonde
Maître Pacôme, précepteur de Robert	Lionel Mongeau
Jérémie } serviteurs du marquis {	Eugène Desjardins
Nicolas	Armand Parent

Soldats Vendéens et Républicains

L'action se passe dans une salle du château de Maulnes en 1793

Siéges Réservés, 25 sous
Portes ouvertes à 7.30
Rideau à 8 heures p.m.

À 19 ans, il participe à une pièce de théâtre dans son patelin, qui a la réputation
d'offrir de l'excellent théâtre amateur.

commerce : il faut acheter une marchandise au plus bas prix possible et la revendre avec le meilleur profit qu'on puisse en tirer. Mais comment enclencher le processus ? Comme sa famille n'a pas d'autre revenu que les maigres salaires que les plus vieux des enfants rapportent à leur mère Adeline, Alexandre ne peut compter sur un patrimoine familial, ni sur les trois dollars par semaine qu'il gagne sur les trains. Très vite, il comprend donc que c'est avec l'argent des autres qu'il lui faut trouver le moyen de construire son propre patrimoine. Ce sera un des leitmotivs de sa vie, raconte son petit-neveu André qui l'a consulté, au début des années 1960, alors qu'il s'apprêtait à lancer sa propre affaire.

Dans les trains, il a aussi acquis une grande débrouillardise. En observant les comportements des gens à l'égard de l'argent, il a compris, comme il le confiera plus tard au journaliste Rudel-Tessier, qu'« une fortune, c'est toujours de l'argent qu'on n'a pas dépensé. […] Le premier bénéfice, c'est l'argent qu'on ne dépense pas. » L'affirmation semble paradoxale quand elle est proférée par quelqu'un qui n'a qu'un objectif en tête, faire de grosses affaires, mais elle signifie simplement qu'il faut toujours aller chercher de l'argent frais pour les nouveaux investissements, tout en plaçant le sien dans des valeurs sûres. C'est ainsi que J.A. DeSève procédera tout au long de sa vie.

Après quelque temps à surveiller ses pas dans les allées des wagons de passagers, Alexandre décide de trouver un boulot plus stable. Bientôt, un cabinet immobilier l'engage comme garçon de courses. Toujours à l'affût de nouvelles connaissances, il en profite pour observer comment fonctionne ce type d'activité commerciale. Il bombarde ses patrons de questions et engrange un savoir dont il ne sait encore quelle sera l'utilité, mais qui pourra toujours lui servir. Ce sera le cas une quinzaine d'années plus tard, notamment, et à plusieurs autres moments.

Pour en arriver à créer des affaires et à devenir riche, il faut bien connaître la façon dont circule l'argent et les endroits où on peut le mettre à son service. Pour Alexandre, encore adolescent, c'est dans une banque qu'on peut acquérir ce genre de connaissances. Il réussit à se faire engager comme commis. Dans quelle banque ? Probablement à la Banque Provinciale du Canada, institution à laquelle il restera attaché toute sa vie et à qui il confiera ses affaires. Cette banque, fondée en 1900 en tant que réorganisation de la Banque Jacques-Cartier, est alors la plus grande institution bancaire contrôlée par des francophones ; elle a pour objectif principal de mettre des sommes à la disposition des commerçants canadiens-français. En 1915, alors qu'il n'a pas encore 19 ans, Alexandre est déjà inscrit dans l'annuaire Lovell en tant que *bank clerk*, même s'il réside toujours chez sa mère.

Mais le jeune homme ambitieux ne va pas se contenter d'un emploi de commis à 15 dollars par semaine dans une banque. Il est trop impatient pour gravir un à un les échelons susceptibles de le conduire à une gérance de succursale. Au mieux, à cause de son manque d'instruction, il peut espérer un emploi de cadre intermédiaire au bureau-chef de la banque. Mais cela reste en deçà de ses ambitions. Après avoir occupé pendant un certain temps son poste de commis, il obtient un emploi au service du contentieux, ce qui lui fournit l'occasion de se familiariser avec le droit commercial. Le soir et les fins de semaine, il lit tout ce qu'il peut trouver sur le sujet. Il a appris, peut-être grâce aux cours du soir, qu'une certaine école américaine émet un diplôme d'expert-comptable que l'on peut obtenir au moyen de cours par correspondance ; il s'y lance à fond de train et obtient ce certificat qui ajoute à sa crédibilité. Au travail, il multiplie les questions aux avocats et aux notaires pour lesquels il remplit la paperasse officielle ou effectue les courses. On l'apprécie pour sa « belle main d'écriture », pour la lisibilité de tout ce qu'il rédige.

Le 23 janvier 1917, alors qu'il n'a pas encore 21 ans – le certificat officiel de mariage porte la mention « fils mineur » –, Alexandre DeSève se marie avec Juliette Chalifoux, dans la paroisse Saint-Denis (360, avenue Laurier Est, au coin de la rue Rivard ; aujourd'hui, c'est le 454). Comment les époux se sont-ils connus ? On ne le sait pas, mais on peut imaginer qu'Alexandre est alors déjà le séducteur et l'amoureux des femmes qu'il sera toute sa vie. Son grand frère François-Xavier (rappel du père ?) lui sert de témoin. Juliette a 19 ans ; son père, Noé, qui la conduit à l'autel, est chauffeur de tramway. Le certificat de mariage est le plus vieux document sur lequel apparaît la signature du « comptable » ; elle est déjà très ferme, resserrée sur elle-même, penche légèrement vers la droite et remonte en se dépliant. Il s'agit de la signature d'un homme décidé, volontaire, ambitieux, sans aucune timidité, sûr de lui, conquérant.

De l'entrée à l'âge adulte jusqu'à sa mort,
sa signature ne variera pas.

C'est dans cette même paroisse Saint-Denis que seront baptisées ses deux premières filles, Marie Évelina Juliette Rollande et Marie Adeline Anita Jacqueline. L'aînée naît le 31 octobre de cette même année 1917, tout juste neuf mois après le mariage, et elle est baptisée le lendemain ; ses parrain et marraine sont ses grands-parents maternels, Noé Chalifoux et Évelina Trudeau. L'heureux événement est annoncé dans la rubrique des naissances de *La Presse* du 3 novembre. La seconde fille vient au monde deux ans plus tard, le 24 octobre 1919, et elle est baptisée le 26 ; son parrain est son oncle Lionel, frère d'Alexandre, et sa marraine est sa grand-mère, Adeline Ouimet. Durant cette période, les époux logent pendant un an au 1231, rue Saint-Denis, puis ils déménagent au 1507 de la même rue, avant de se fixer au 478, rue Rivard (devenu le 4414 avec la renumérotation générale de 1925), entre les rues Marie-Anne et Mont-Royal, jusqu'en 1928. Ils résident donc toujours dans la même paroisse.

Comment est leur vie de couple ? DeSève est toujours resté discret à ce sujet, fait compréhensible étant donné les événements qui surviendront quelque 10 ans plus tard. Toute sa vie, il est de tempérament très réservé. Il n'a pas encore commencé à rencontrer des journalistes, mais il a sans doute déjà décidé de ne rien raconter au sujet de sa vie personnelle, comportement qui deviendra, quelques années plus tard, un principe qu'il maintiendra sa vie durant, surtout quand il aura appris comment manipuler et museler la presse. Mais Juliette Chalifoux, puis sa fille Rollande, raconteront que la relation entre les époux connaît rapidement des ratés. Peut-être se sont-ils mariés trop jeunes. J.A. découche souvent, pris par son travail ou par quelque rencontre avec une jeune femme. Juliette réagit fortement, les disputes sont parfois suivies de bagarres durant lesquelles les pièces de vaisselle volent bas avant de s'écraser sur l'un ou l'autre dans l'appartement. Les deux petites filles, effrayées et confuses, se cachent derrière le réfrigérateur de bois qui sert à contenir les gros morceaux de glace ; elles aiment et admirent le bel homme qu'est leur père, mais elles constatent déjà qu'il ne sait pas leur donner l'amour auquel elles s'attendent. Surtout qu'elles voient leur mère souffrir de son amour déçu : à elle comme à chacune des femmes qui seront ses compagnes, J.A. a affirmé qu'elle était l'amour de sa vie, et il l'a fait si adroitement que toutes l'ont cru… Probablement l'a-t-il pensé lui-même.

Que fait précisément Alexandre durant les années 1920? Il est sûr qu'il pratique surtout son métier de comptable, ainsi que l'indiquent les registres des baptêmes de ses enfants et l'annuaire Lovell. Alexandre lui-même n'est pas très précis quand il évoque cette période. En 1920, il utilise le papier à en-tête du bureau d'avocats Létourneau, Beaubien, Marin et Mercier pour communiquer avec son épouse; il exécute probablement des travaux pour ce bureau important (situé au 30, rue Saint-Jacques, au cœur du quartier des affaires). C'est là qu'il fait la connaissance du notaire René Leroux, dont le cabinet se trouve dans le même édifice. Ce dernier est le père de Lionel Leroux, futur notaire, qui deviendra, un peu plus d'une décennie plus tard, son plus important collaborateur.

Juliette Chalifoux et ses deux filles, début des années 1920.

Dans la célèbre série *Biographies canadiennes-françaises* (le *Who's Who* du Québec), où, curieusement, DeSève n'entre qu'en 1965, ce qui est tout à fait inhabituel pour un homme de son importance, il est simplement écrit : « De 1920 à 1930 : il fut comptable junior et comptable senior dans l'une des firmes légales les plus importantes de cette période. » Cette série ne présente que ce que la personne a voulu faire connaître d'elle-même, et elle n'est donc pas très objective. En 1960, DeSève confie à Rudel-Tessier qu'il a « travaillé pour Charles [sic]

Édouard Blondin qui était alors sénateur et ministre et dont il fut le secrétaire durant quatre ans, à son bureau de Montréal ». Effectivement, de 1923 à 1926, il a aussi pour adresse dans le Lovell le 83 Ouest, rue Craig (aujourd'hui Saint-Antoine ; il s'agit du prestigieux édifice de 10 étages de la Montreal Light Heat and Power, tout près de la place d'Armes), bureau 424, adresse qui est celle de cet avocat et notaire, Pierre Édouard Blondin, membre du Parti conservateur et occupant les fonctions précitées. Au journaliste, il dit aussi qu'il a travaillé pour Wilfrid Damphousse, un syndic de faillites (*trustee in bankruptcy*) important, si on en juge par la grande annonce qu'il se paye dans le Lovell, et dont le bureau se trouvait d'ailleurs au même étage que celui de Blondin. Ici encore, le jeune comptable DeSève, qui arrive à la trentaine, accumule des connaissances précieuses sur le fonctionnement des affaires. Il semble qu'il ait aussi tenté de fonder sa première entreprise : en 1923, à son adresse personnelle de la rue Rivard, il est décrit comme

J.A. dans les années 1920, troisième rangée, 2ᵉ à gauche.

président et gérant de Prince Aerated Co. Ltd. On ne trouve nulle trace de cette compagnie dans les registres officiels et on ne peut savoir quel était au juste le type de commerce auquel elle était vouée; elle n'est d'ailleurs mentionnée qu'une seule fois.

C'est en 1929 que le comptable DeSève aurait eu pour la première fois l'illumination de se lancer dans le cinéma. Dans plusieurs interviews qu'il a données et dans les curriculum vitæ qu'il a sans doute lui-même rédigés, on retrouve ce récit où il raconte que, bien qu'allant rarement au cinéma et n'étant pas lui-même particulièrement intéressé par le média, il est allé voir *Broadway Melody* (vaudeville musical de Harry Beaumont, sorti le 6 avril au Palace, pour deux semaines, et repris en juin au Français). La représentation se déroule en anglais, comme c'est presque toujours le cas au Québec à ce moment-là. Les premières projections du cinéma parlant ont eu lieu moins d'un an auparavant. Le Palace, salle la plus prestigieuse de Montréal et première salle canadienne équipée pour le cinéma sonore, a présenté *Street Angel* de Frank Borzage (tourné en muet, mais avec une bande-son ajoutée) et des courts métrages parlants à compter du 1er septembre 1928; puis, le 1er décembre de la même année, on a pu y voir le célèbre *Jazz Singer* d'Alan Crosland.

En France, les studios commencent à peine à se convertir au cinéma parlant. DeSève ignore si des distributeurs de Montréal envisagent de faire venir des films en français, mais il songe tout de suite à fonder une compagnie pour ce nouveau produit qu'il considère comme énorme, car l'assistance dans les salles de cinéma ne cesse d'augmenter. Visionnaire, il pense immédiatement aux millions de dollars à

Publicité du film qui déclenche toute la carrière dans le cinéma de J.A. DeSève.

gagner pour celui qui saura exploiter ce marché ; ce n'est donc pas par préoccupation artistique ni même nationaliste qu'il décide au départ d'explorer cette industrie. Il contacte Jos Cardinal, locataire du Théâtre St-Denis depuis septembre 1924. Dans cette salle, construite en 1916, qui appartient à des Torontois et qui tient son nom de la rue où elle est située, on assiste à du vaudeville en français, à des concerts et à du cinéma américain. Ensuite, il associe Raoul Rickner, l'associé de Cardinal et le gérant de la salle, au projet. Puis, il attire l'attention d'Eddie English, un représentant de la compagnie Paramount, laquelle vient d'annoncer le lancement prochain de la production de films en français, tant à Hollywood que dans des studios qui seront sous peu construits en banlieue de Paris. Cette production francophone débutera en avril 1930, et, jusqu'en 1936, elle fournira des centaines de films, distribués au Québec par la Regal Films, succursale de la Paramount. Elle se retrouvera surtout dans les salles du réseau Famous Players, autre filiale de la Paramount. En ces débuts du parlant, le doublage n'existe pas encore ; il ne débutera qu'en 1932. Le cinéma américain que l'on pourrait voir en français n'est donc pas une menace. Des productions sont en chantier dans les studios français, et il n'y a encore personne sur les rangs pour importer celles-ci au Québec.

Pris par l'enthousiasme, Alexandre DeSève voit grand. Non seulement envisage-t-il la création d'une compagnie de distribution, mais aussi l'établissement d'un réseau de salles à la grandeur du Québec pour

Le cinéma St-Denis, la plus belle salle de Montréal lors de sa construction en 1916. Rae Eleanor Ball était une violoniste très populaire dans les années 1920.

exploiter le film en français. La nouvelle firme qu'il crée, Theater Corporation of Canada (à ce moment, un nom anglais semble nécessaire pour qu'une compagnie soit prise au sérieux), a besoin de deux millions de dollars. Le critique et chroniqueur Henri Letondal de *La Patrie* le met en contact avec Maurice Forget, membre important de la Bourse de Montréal.

Tout est sur le point de se réaliser quand la Bourse s'effondre, le fameux 29 octobre 1929. Le projet devient irréalisable. DeSève, qui y a mis toutes ses économies, se retrouve chômeur. Il a 33 ans, ne possède rien d'autre que sa capacité de travail et ses connaissances. De plus, sa vie personnelle arrive à un tournant important.

Comment rebondit-il dans cette période qui s'annonce difficile pour tout le monde? Il l'a raconté à Rudel-Tessier dans l'interview la plus élaborée et la plus révélatrice qu'il ait accordée à un journaliste («Les confidences de M. J.A. DeSève», *Photo-Journal*, 3 décembre 1960). Évidemment, comme à son habitude, il passe complètement sous silence tout ce qui concerne sa vie personnelle; il discourt toutefois longuement sur ses activités professionnelles du début des années 1930:

« C'était la crise financière, mais ce n'était pas encore la crise de l'immeuble. Le jeune homme, qui portait au creux de l'estomac une faim de trois jours, promenait un beau matin sa déception et sa tête pleine d'idées rue Christophe-Colomb, entre les rues Everett et Villeray, quand il aperçut un terrain vague. Subitement, il n'eut plus qu'une seule idée. Une idée que ce terrain vague, coincé entre deux immeubles aux murs aveugles faits de bonne et solide maçonnerie, venait de faire surgir parmi toutes les autres pour les chasser et rester seule.

— Je venais de comprendre, me dit mon interlocuteur, qu'il suffirait d'accrocher, à ces deux solides murs, une façade et un quatrième mur pour avoir un immeuble… pour rien. Et c'était exactement ce dont je disposais: rien!

Il admet qu'une fois il a eu de la chance

— Que votre idée!

46

— Que mon idée! Et l'adresse de la propriétaire, et mes jambes qui purent me porter jusqu'à Outremont. Rue Stuart, je me souviens! Quand j'y parvins, la tête me tournait un peu, mais mon idée restait claire. Et elle s'est précisée. J'expliquai à cette dame que j'étais entrepreneur en construction, mais que j'avais besoin des fonds dont je disposais pour construire l'immeuble que je me proposais d'ériger immédiatement sur son terrain. Dont elle demandait deux mille cinq cents piastres. Je lui proposai l'arrangement suivant: elle m'autorisait à prendre une première hypothèque de sept mille cinq cents dollars et se contenterait d'une seconde hypothèque pour ses deux mille cinq cents dollars. Elle me renvoya à son notaire. Moi, je n'en demandais pas davantage. Reprenant mon courage et mes jambes, je fis le chemin jusqu'à la rue Saint-Jacques. Là, je refis mon boniment au notaire, qui me connaissait, et qui trouvait que sa cliente pouvait accepter le risque. Je sortis dans la rue en me demandant où je trouverais les cinq mille dollars dont j'avais besoin immédiatement. Ce jour-là, j'eus peut-être de la chance. En sortant, je tombai nez à nez avec un autre notaire que je connaissais. Échange de saluts, considérations d'usage sur le temps qu'il faisait, et puis j'attaquai. Ce qu'il me fallait, c'était cinq mille dollars pour poursuivre la construction d'un immeuble sur un terrain d'une valeur de 2 500 dollars... Il me demanda où en était la construction. Je lui dis que la cave était creusée... Il me donna rendez-vous sur mon « chantier » le lendemain après-midi.

Quand il lui fallait ruser pour une piastre

Entre-temps, j'avais eu le temps de faire un trou dans le fond de ma poche et subitement je pris la figure d'un homme confronté par une catastrophe. Avec le ton approprié, je fis constater à M^e X le trou… par où était passé tout mon argent. Quand nous nous sommes quittés, j'avais une piastre ! J'en dépensai un tout petit peu dans le quartier pour me mettre dans l'estomac une platée de « bines ». C'était urgent. Mais je pus me payer le tramway pour aller trouver, à l'autre bout de la ville, Adrien Miron, qui était alors un tout petit entrepreneur en excavation. Le lende-main matin, il inaugurait mon chantier, et quand le notaire se présenta, dans l'après-midi, non seulement la cave était creusée, mais il y avait aussi, sur les lieux, bien en vue, un bon tas de planches que je m'étais fait livrer à crédit. M^e X, dûment impressionné, me prêta les cinq mille dollars que je lui avais demandés.

Pour commencer : un quart de million

Un an plus tard, j'avais gagné 100 000 dollars… et quand la crise finit par faire s'effondrer le marché immobilier, j'étais à la tête d'un capital de 250 000 dollars… un capital qui fondait comme beurre au soleil à mesure que la valeur de la propriété foncière baissait ! Ceux qui me devaient de l'argent ne pouvaient pas me payer et moi je devais 80 000 piastres à des créanciers qui entendaient se faire payer. Je sacri-fiai au prix qu'on m'offrait tous les terrains qu'on vou-lut bien m'acheter, mais le jour arriva où personne ne voulut plus de mes terrains… à n'importe quel prix. Et mes créanciers me réclamaient encore 30 000 ou 40 000 piastres. Je ne savais de quel côté me tourner, mais il fallait que je trouve le moyen de satisfaire mes créanciers. Un coup de chance me laissa entre les mains, à un moment donné, un petit capital liquide de 4 000 dollars. Le même jour, je vis dans le journal qu'un certain M. X demandait un associé « disposant de petit capital ». Je me présentai, lesté moralement de mes 4 000 dollars à qui il me fallait faire faire des petits et au plus vite. Je dus constater que M. X, qui exploitait quatre petites épiceries-crémeries, était déjà en faillite. J'examinai quand même l'affaire et j'y vis toutes sortes de possibilités… entre autres celle de payer mes créanciers. J'achetai les quatre crémeries et un an plus tard j'étais à la tête de neuf épiceries-crémeries qui faisaient un chiffre d'affaires hebdomadaire de 10 000 dollars. »

Certains aspects de ce récit, que le journaliste, ami de l'interviewé, colore de sa belle plume, peuvent laisser perplexe. Il est probable que le jeune entrepreneur ait réussi quelques bons coups dans l'immobilier entre 1929 et 1931. Mais réalise-t-il autant de profits qu'il l'affirme? On ne le saura jamais. On peut penser que l'expérience acquise avec le syndic de faillites Wilfrid Damphousse lui permet d'éviter les erreurs grossières et de bien rédiger les contrats. Selon Jos Cardinal, sa compagnie s'appelle alors Liberté Construction, mais il en aurait aussi une autre du nom de Cardinal Construction. Il aurait possédé jusqu'à 250 terrains dans le centre-nord de la ville, aurait fait construire et vendu plusieurs maisons, mais il aurait

DANS LES

CRÈMERIES PAPINEAU

LE BEURRE

EST TOUJOURS

BON et FRAIS

Publicité dans la *La Patrie*.

vu trop grand et, bientôt, il se serait vu forcé de vendre les terrains pour en payer les taxes (*Journal des Vedettes*, 14 septembre 1968). Probablement fait-il alors déjà quelques affaires avec Alban Janin, déjà réputé pour tout ce qui concerne les grands travaux publics tels les routes et les ponts, et pour la construction résidentielle.

Quant aux épiceries-crémeries (à Montréal, les bannières affichent surtout le terme *dairy*), il s'agit des Crémeries Papineau, dont J.A. va posséder huit succursales, et non neuf si on en croit le Lovell, qu'il vendra progressivement jusqu'en 1936. Il faut savoir que ce genre de petit commerce offre non seulement les produits laitiers, mais aussi d'autres marchandises de première nécessité comme le pain, certains légumes et des boîtes de conserve ; il s'agit donc en fait de ces boutiques qu'on appellera plus tard des «dépanneurs». Il est sûr, comme on le verra au chapitre suivant, que ces magasins lui permettent de pallier tous ses revers d'investissements dans l'immobilier et d'amasser rapidement un capital qui lui permettra de revenir dans l'industrie du cinéma. Quand, en 1933, il aura ravi le contrat de location du Théâtre St-Denis à Jos Cardinal, raconte-t-il aussi à Rudel-Tessier, il utilisera ses crémeries pour faire gonfler l'assistance au cinéma: tout simplement, il donnera un laissez-passer à tous les clients qui auront acheté cinq livres de beurre; attirés par la «passe» gratuite, mais trop orgueilleux pour n'acheter que du beurre, les clients achetaient aussi d'autres produits, ajoute-t-il.

Au tournant de la décennie, Alexandre se lance dans une nouvelle vie amoureuse. Que se passe-t-il exactement? Lui-même n'en a jamais parlé et personne n'est là pour le raconter. Mais il quitte sa vie matrimoniale avec Juliette Chalifoux au moment où naît Marie Thérèse, la fille qu'il a de Juliette Champagne en 1930. Les difficultés matérielles et conjugales ont miné le couple tout au long de la décennie. La frénésie que le jeune entrepreneur met au travail en fait un absent, même quand il est physiquement présent. La séparation est douloureuse pour la mère et ses deux filles préadolescentes. Le divorce étant impensable dans le Québec religieux de l'époque, le couple restera marié jusqu'à la mort d'Alexandre. Celui-ci n'abandonne pas financièrement sa femme et ses filles. Il paye d'abord un appartement pour elles dans le quartier où ils ont vécu ensemble, puis il leur achète une maison au carré Saint-Louis. Alexandre demeure ami avec un jeune frère de Juliette Chalifoux, Émile, qu'il engage dès 1937 comme gérant dans deux salles, le Cinéma de Paris et l'Arcade, et qui terminera sa vie active à Télé-Métropole.

Comment Alexandre a-t-il connu Juliette Champagne, née en 1910, qui a 19 ans quand il la met enceinte, alors que lui en a déjà 32? On peut supposer qu'elle est la fille d'une relation d'affaires ou d'une connaissance. Si son lieu de résidence fait partie de la paroisse où sera baptisée son enfant, elle vit dans le territoire de Saint-Édouard, dont le cœur se trouve à l'intersection des rues Beaubien et Saint-Denis. Mais il se peut que le choix de cette paroisse n'ait été qu'affaire de convenance.

L'enregistrement civil officiel de la naissance de Marie Thérèse Alexandrine DeSève, le 26 janvier 1930, indique bien les noms de ses deux parents, ce qui signifie qu'Alexandre la reconnaît comme sa fille dès la naissance. Comme il l'a toujours fait, le nouveau père n'abdique pas devant ses responsabilités. Mais, curieusement, le certificat émis au moment du baptême, qui a lieu deux jours plus tard, indique que la petite Marie Thérèse Alexandrine est née « de parents inconnus » et, sur le formulaire, le mot « légitime », après « fille », est raturé. Cette marque plutôt cruelle nous renvoie à l'attitude rigoriste de l'Église catholique pendant cette période de la Grande Noirceur. On peut se demander comment le vicaire G.

Parizeau qui signe cet acte officiel peut se sentir alors qu'il a probablement devant lui le père de l'enfant (mais pas la mère, car les femmes passent plusieurs jours à l'hôpital pour un accouchement à l'époque et elles n'assistent généralement pas au baptême). Quant aux parrain et marraine, le couple Jacques Bastien et Cécile Dépatie, « de cette paroisse », nous ne retrouvons leurs noms nulle part dans la vie de DeSève ; ils semblent n'être là que pour l'attestation officielle du rite.

Cette seconde Juliette aurait été le plus grand amour de sa vie, aurait-il confié à l'une de ses petites-filles peu avant son décès. Mais il a dit cela de chacune de ses amoureuses ! Pour elle, il brave les tabous sociaux et religieux. Il n'est pas banal, à cette époque, de laisser tomber femme et enfants, surtout quand on évolue dans le monde des affaires. Il fournit un appartement à sa jeune maîtresse et à sa fille, mais il ne vit pas avec elles, résidant au 7931A, rue Saint-Gérard (une rue à l'est de Lajeunesse, entre Gounod et Jarry). Cette adresse est la seule qu'on lui connaît entre 1934 et 1939. L'appartement est situé dans le nord-est de la ville, dans le quartier où DeSève a possédé des entreprises quelques années plus tôt.

Il n'a sans doute pas trop de difficulté à cacher sa situation matrimoniale à ses associés en affaires. À l'époque, Montréal peut cependant être considérée comme un ensemble de villages où tout le monde se connaît. Il lui faut donc faire preuve d'une grande discrétion en cette période où l'État et l'Église se font de plus en plus vigilants en ce qui touche la morale. Fréquente-t-il l'église, où l'abandon de sa « légitime » et son occasionnel concubinage seraient de perpétuels objets de réprobation et le mettraient officiellement en situation de « péché mortel »? On ne sait. Par ailleurs, il nouera bientôt des liens solides avec plusieurs personnalités religieuses. Comment réussira-t-il ce tour de force?

Malheureusement, l'histoire d'amour entre Alexandre DeSève et Juliette Champagne, commencée en 1929, ne durera guère, car la jeune femme meurt d'un cancer le 29 novembre 1942. Elle n'a que 32 ans. La vie ne sera pas facile pour la petite Marie Thérèse, qui séjournera dans divers pensionnats avant de venir vivre avec son père à Lanoraie.

Au moment où se termine cette période mouvementée de la vie de J.A. DeSève, rien n'indique encore ce que sera la ligne de force de son destin, rien ne laisse présager quel sera l'ancrage de ses passions les plus profondes. Il a tâté de plusieurs métiers, il a travaillé très fort pour apprendre comment fonctionne le milieu des affaires, il a passé beaucoup de nuits à lire des livres traitant de droit notarial pour maîtriser la rédaction des contrats de toutes sortes. Il a connu plusieurs personnalités de la célèbre rue Saint-Jacques et du quartier où se retrouvent les financiers canadiens-français les plus importants, bataillant ferme pour se faire une place dans un milieu où les anglophones dominent largement. Sur la place d'Armes, cœur du quartier des affaires, on le reconnaît, même s'il n'est encore qu'un employé subalterne. Ceux qui ont l'occasion de causer avec lui savent qu'il ne restera pas longtemps dans l'ombre de ses patrons. Il élabore constamment des plans pour réaliser de grandes choses. Mais la conjoncture économique n'est pas favorable ; la crise qui secoue alors tout l'Occident crée pour tout le monde un climat d'incertitude. En contrepartie, dans cette atmosphère morose, les gens sentent le besoin de sortir de leurs problèmes quotidiens, et tant le cinéma que le théâtre de vaudeville connaissent une popularité croissante. C'est dans ces deux domaines que notre héros va bientôt se distinguer et trouver sa voie.

Chapitre 3
De 1933 à 1936 : l'entrée de J.A. DeSève dans la diffusion du cinéma et son intégration dans France-Film

Le krach de Wall Street, en octobre 1929, suivi de celui de toutes les Bourses du monde, a anéanti le rêve d'Alexandre DeSève de construire une compagnie de grande envergure intégrant les activités de distribution de films et d'exploitation de salles de cinéma. Il s'est plutôt lancé dans la construction et dans le commerce des « crémeries » et il y a consacré presque quatre ans.

Par ailleurs, dès 1930, pendant qu'il est occupé à construire des maisons et à trouver le moyen de les vendre ou de les louer au meilleur prix, la diffusion du film parlant français s'amorce d'une façon spectaculaire.

Sans lui.

Il y assiste, impuissant, sûrement frustré de ne pouvoir participer activement à une entreprise qui semble s'engager dans une voie prometteuse. Toujours curieux, cependant, de connaître ce qui se trame dans le monde des affaires, il surveille l'émergence de ce marché, qu'il a exploré un an auparavant, car les principaux médias, surtout *La Presse*, *La Patrie* et *Le Petit Journal*, lui consacrent beaucoup de pages. Mais il ne peut être partout à la fois. Il se consacre donc en priorité à ses compagnies.

Le 31 mai 1930, Jos Cardinal présente *Les trois masques* au St-Denis, premier long métrage tourné en français, l'année précédente, par André Hugon. Le Bureau de censure avait refusé, le 3 mars précédent, que le film soit présenté, alléguant que celui-ci mettait en scène une « fille séduite » et son « enfant illégitime », mais il l'a ensuite accepté quand le distributeur a ajouté, au début du film, un carton indiquant que les amants s'étaient bel et bien mariés, même si la scène n'apparaissait pas dans le récit illustré. Il faut mentionner ce fait de censure ici, car, à compter de ce moment, tout le cinéma français subira les foudres du Bureau provincial. Cardinal annonce *Les trois masques* en de larges pavés dans les journaux ; on y trouve une photo, des indications sur les prix (25 cents en matinée, 25 et 40 cents en soirée), les heures de présentation (première à 12 h 30, dernière à 22 h 30), les titres des « attractions supplémentaires » (actualités, autres courts métrages), et le texte suivant :

GRANDE INNOVATION À MONTRÉAL

Première Vue Parlante en Français

« Cette production est la première exclusivement parlante qui soit offerte aux canadiens-français [sic].

C'est pour me rendre au désir du public montréalais que je donne ce premier film exclusivement français. D'autres suivront, et ceci, en dépit des nombreuses difficultés et dépenses que cela représente. Je suis heureux de le faire pour ma race et le prestige du français au Canada. Au public de me démontrer que j'ai raison.

(signé) JOS CARDINAL, directeur du Saint-Denis. »

Cardinal ne le réalise sans doute pas, mais il vient de déterminer ce que sera l'orientation de la présence des Canadiens français dans l'industrie du cinéma pour les 30 années à venir. Ses concurrents et émules ne vont que reformuler, élargir, préciser cette idée selon laquelle la diffusion du film français au Québec est un outil puissant pour la promotion de la langue française, de la fierté nationale et du nationalisme canadien-français. Le critique Henri Letondal de *La Patrie* (31 mai 1930) reprend le même refrain :

« Le film français parlant peut nous donner cet élément qui manque à notre vie artistique. Car nous sommes las des films dialogués en mauvais anglais, qui propagent l'argot américain et apprennent aux gens à parler du nez. Nous comptons que le film français parlant servira de bon exemple et fera l'éducation de notre oreille en même temps que de notre intelligence. »

Les trois masques, présenté en exclusivité, demeure à l'affiche deux semaines, un exploit inhabituel à l'époque dans une salle qui compte plus de 2 000 sièges. Ce grand succès persuade Cardinal de poursuivre son projet : « Je veux faire du St-Denis le foyer cinématographique des familles canadiennes-françaises, c'est-à-dire un endroit où l'on viendra se distraire, se délasser sans avoir à subir la fatigue qu'exige la compréhension d'acteurs de langue anglaise. Je considère qu'en ce faisant, je coopère avec ceux qui défendent le français au Canada et qui veulent qu'il soit parlé correctement. » (La Presse, 30 août 1930) J.A. DeSève va bientôt plonger dans cette « potion magique » et il s'en abreuvera toute sa vie durant. Au cours des semaines qui suivent, Cardinal ne peut présenter une attraction aussi prestigieuse que le film de Hugon, mais il offre presque chaque semaine un court ou un moyen métrage parlant français avec une production américaine muette dotée d'intertitres en français. Seul à offrir des films en français, il obtient d'abord ceux-ci de diverses sources, dont Paramount qui a commencé à en produire à Joinville, en banlieue de Paris, mais dès que Robert Hurel implante sa Compagnie cinématographique canadienne, il en fait son principal fournisseur tout en obtenant l'exclusivité des nouveautés.

Robert Hurel, le fondateur de France-Film ; ses relations avec J.A. seront toujours problématiques.

Robert Hurel était venu brièvement au Québec en 1929 pour s'enquérir de la possibilité d'y diffuser la production française, au moment même où DeSève élaborait son propre projet, dont il a été question au chapitre précédent. Mais les deux hommes ne se rencontrèrent pas à ce moment-là. Le 10 juillet 1930, à Paris, les principaux producteurs français confient leurs intérêts à Hurel pour ce qui concerne le Canada. Il se met rapidement au travail et, le 23 août suivant, il annonce dans *La Presse* les titres des films que la Compagnie cinématographique canadienne (CCC), compagnie exportatrice française dont il est le fondateur, exportera au Québec au cours de la prochaine saison. Il y en aura au moins 30 avant la fin de l'année. Le 2 septembre, il donne à *La Presse* une interview au cours de laquelle il présente sa firme et signale qu'il importera aussi des actualités de façon régulière. Il a l'assurance d'obtenir toutes les meilleures productions de l'industrie française. Élément de prestige, le ministre Athanase David, secrétaire de la province et personnalité politique de première importance, a enregistré sur film une publicité pour la CCC, de quoi impressionner tous les chroniqueurs ; ce court film est projeté au St-Denis et fait ensuite le tour du Québec. Le 6 septembre, Jos Cardinal présente *La route est belle* de Robert Florey, que lui a fourni Hurel. Ainsi débute une longue association entre le Théâtre St-Denis et la CCC, dont l'adresse télégraphique est France-Film, nom que prend bientôt le distributeur et que nous utiliserons désormais. Cardinal et Hurel viennent de jeter les bases de ce qui deviendra quelques années plus tard un véritable empire.

Le projet de Hurel correspond sensiblement à ce que DeSève avait élaboré un an auparavant : se procurer des films et établir un réseau de salles pour les projeter. En plus d'alimenter le St-Denis, Hurel s'empare en 1931 du cinéma Roxy, rue Sainte-Catherine, qu'il renomme Cinéma de Paris et dont il confie la gérance à Michel de Roussy de Sales, le fils de l'ancien président du Bureau de censure du Québec. À Québec, il achète le Canadien. Un an plus tard, le 2 juillet 1932, il loue le Palace de Trois-Rivières et le renomme à son tour Cinéma de Paris. Dès 1933, il fournit des films à la salle Victoria de Sherbrooke, que France-Film achète finalement à l'automne de 1934 et renomme aussi Cinéma de Paris. Il est amusant de constater la popularité de ce nom, Cinéma de Paris, surtout quand on sait que la salle montréalaise qui a le nom de «Français» depuis plus de 30 ans ne projette que des films américains en version originale… C'est l'embryon d'un réseau qui ne va cesser de grandir au fil des ans. Hurel engage aussi le brillant journaliste et dramaturge Henri Letondal comme secrétaire de la corporation, pour mettre en œuvre les meilleures stratégies de communication publicitaire, ce en quoi il excelle rapidement. Letondal demeure à son poste jusqu'en 1936, puis il entreprend une carrière d'acteur à Hollywood.

Pour favoriser l'expansion de son réseau de distribution, Hurel a l'idée d'organiser, le 29 juillet 1931, un «congrès du film français» afin de rassembler les exploitants du film parlant français et de les mettre en contact avec différentes personnalités canadiennes-françaises, dont Pamphile-Réal Du Tremblay, grand patron de *La Presse*. Le consul de France préside le banquet de clôture, et il avance résolument que «l'exploitant du film français doit se dire que, dans cette province, en distribuant du film d'expression française, il accomplit une œuvre patriotique. Il combat avec une arme plus brillante l'envahissement des couches populaires par l'américanisme. » Hurel se réjouit à l'idée que, déjà, 45 salles d'un peu partout au Québec projettent régulièrement des films parlant français (*La Presse*, 30 juillet 1931). Ces congrès vont se tenir jusqu'en 1936.

Le succès de France-Film est tel que même la compagnie Paramount, propriétaire du réseau Famous Players, décide, en 1932, de consacrer son « palace » du cinéma, l'Impérial, au film parlant français. Elle l'annonce le samedi 26 mars, à grand renfort de publicité. Elle n'obtient toutefois pas le succès souhaité, de sorte que, dès juin, elle cède la gérance de cette salle prestigieuse à France-Film, que Robert Hurel a incorporée le 14 juin de cette même année.

Dans le marché de la distribution du film en français, qui est en pleine expansion, il y a de la place pour plus d'un intervenant. Le 18 juillet 1931, Édouard Garand (1901-1965), un jeune éditeur qui publie des romans populaires, incorpore officiellement Les films des éditions Édouard Garand Limitée dans le but de distribuer le même genre de produit que France-Film. Mais déjà, depuis le 29 mai, sous son nom d'éditeur, il avait commencé à proposer des films au Bureau de censure, sans l'aval duquel aucun film ne peut alors être distribué. C'est en s'associant avec Garand, puis en prenant le contrôle de sa compagnie, que DeSève va entrer dans la distribution du cinéma et préparer sa prise de contrôle de France-Film. Mais ne brûlons pas les étapes.

Enfin, le cinéma pour J.A.

Pendant qu'il s'est consacré à la construction et aux crémeries, on peut supposer que J.A. DeSève a continuellement surveillé du coin de l'œil ce qui se passait dans la diffusion du cinéma. Il n'a jamais oublié les plans qu'il avait élaborés en 1929. Il y revient en 1933 quand il apprend par Raoul Rickner, toujours gérant du St-Denis, avec qui il est resté en contact et à qui il s'est associé dans certaines transactions liées à l'entreprise de construction, que Jos Cardinal doit renouveler le bail du St-Denis. L'acquisition de cette salle prestigieuse de 2 500 sièges, bien située et possédant un public fidèle, constituerait sans doute le point de départ idéal. Mais il lui faut d'abord évincer Cardinal. Selon Pierre Véronneau, DeSève aurait proposé un achat à la place d'une location, sachant que le propriétaire, la St-Denis Corporation, représentant des intérêts torontois, songeait à se débarrasser de la salle. En réalité, avec l'aide de Rickner qui se porte garant auprès du propriétaire et trahit ainsi son patron, il évince Cardinal le 28 juillet en obtenant un bail d'un an pour la somme de 30 000 $; le même jour, les deux compères signent une lettre d'entente selon laquelle ils s'associent à 50-50 pour fonder une société qui va opérer le St-Denis, et qui spécifie que les deux associés sont responsables du bail signé par DeSève. Le perdant raconte ainsi sa version de l'histoire :

« Ce que déclare M. Jos Cardinal

Montréal, le 18 août 1933

Rédacteur en chef de *La Presse*,

Montréal

Cher monsieur,

Me permettez-vous d'expliquer aux lecteurs de *La Presse*, au moyen de cette lettre ouverte, les raisons de mon départ du théâtre St-Denis, dont j'étais depuis huit ans le directeur et où j'ai payé plus d'un quart de million en frais de location.

Mon départ s'est effectué si brusquement qu'il a donné lieu dans le public, chez mes amis, et particulièrement chez les habitués de cette salle de spectacle, à toutes sortes de conjectures. Je désire mettre les choses au point dans ce journal dont les lecteurs me connaissent si bien.

Mon bail expirait le 5 août et je détenais une option de renouvellement que j'ai fait valoir auprès de M. J.P. Bickell, président de la St-Denis Corporation, à Toronto, le 28 juillet. Le, ou vers le même jour à Montréal, le représentant de cette Corporation accordait un bail à M. J.A. DeSève, président de la Liberté Construction, sans s'occuper de la validité de mon option.

Dans la nuit du samedi au dimanche (du 5 au 6 août), vers les 4 heures du matin, M. DeSève, le nouveau locataire, est entré au théâtre avec une équipe d'une trentaine d'ouvriers et, à mon insu, a fait enlever les tapis, les tentures, l'écran, a fait démonter pièce à pièce toutes les machines de projection ; enfin, a accumulé dans un coin de la scène tout mon matériel au coût de $ 15 000.

Lorsque j'arrivai au théâtre le dimanche midi pour ouvrir la salle, j'en trouvai l'accès barricadé. Les affiches avaient été arrachées et avaient été remplacées par des pancartes annonçant que le théâtre était mis sous une nouvelle direction. J'appris plus tard que M. Rickner, absent depuis le 28 juillet du théâtre, reprenait la gérance sous la direction de M. DeSève.

Devant cet état de choses, j'ai préféré me retirer de la place pour faire régler la situation devant les tribunaux.

Je vous remercie, Monsieur le Rédacteur, de votre hospitalité et vous prie de croire à mes meilleurs sentiments.

Jos Cardinal. »

La même lettre est publiée également dans *La Patrie* du lendemain, le 19 août, dans la section des lettres du lecteur. Si Cardinal dit vrai, et aucune rectification n'a été publiée par la suite, ni dans *La Presse* ni ailleurs, la prise de contrôle du St-Denis par DeSève s'est opérée de façon plutôt cavalière. Elle correspond au tempérament de l'homme : calculateur, bouillant, énergique, fonceur, ne s'embarrassant pas trop de considérations personnelles. Il n'est pas facile de se battre contre un tel adversaire. Il semble que Cardinal n'ait jamais essayé de «faire régler la situation devant les tribunaux». Compte tenu de la minutie avec laquelle DeSève savait rédiger ses contrats, Cardinal n'avait probablement que peu de chances d'obtenir gain de cause, d'autant plus qu'en tant que responsable de l'administration de trois autres salles (l'Arcade, le National et le Canadien) qui offraient des spectacles dramatiques, du burlesque, du vaudeville et du cinéma, il n'avait guère le goût ni le temps de s'engager dans de telles procédures. Le pauvre Cardinal ne le savait pas à cette époque, mais il sera quelques années plus tard victime du même genre de manigance et perdra aussi ses autres salles...

Dans les quotidiens du samedi 5 août et dans *Le Petit Journal* du lendemain, le programme du St-Denis pour la semaine suivante est annoncé et commenté : «Grand programme double cette semaine : Clark Gable dans *Pur sang*, version française ; aussi René Lefebvre et Elvire Popesco dans *Sa meilleure cliente*» ; ce qui indique bien que le putsch du petit matin sera une vraie surprise que Cardinal n'a pas vue venir. Le lundi 7 août, l'annonce disparaît sans explication. Le lendemain, la page des spectacles de *La Patrie* présente en manchette : «On est à remettre entièrement à neuf le cinéma St-Denis – Ce populaire foyer du film français est maintenant sous une nouvelle direction.» L'article décrit de long en large les transformations touchant l'acoustique et l'ensemble de l'aménagement (marquise, sièges, tapis, etc.), et annonce la réouverture de la salle pour le 19 août. Curieusement, il ne dit rien au sujet de la « nouvelle direction », ni ne mentionne son identité ni ses qualités. Le dimanche suivant, le 13 août, *Le Petit Journal* annonce aussi les transformations du St-Denis, mais il indique que J.O. [sic] DeSève et R. Rickner en sont les nouveaux directeurs et qu'ils entendent y présenter des programmes doubles. Le rédacteur anonyme précise qu'il n'y aura pas d'augmentation du prix d'entrée et il termine ainsi : « Tous les Canadiens français s'en réjouiront, car le théâtre et le cinéma ont une grosse influence pour le maintien de la langue et de l'esprit français. »

C'est la première fois, ce 13 août 1933, que le nom de J.A. DeSève apparaît dans un journal, en relation avec le cinéma...

Le samedi 19 août, dans les pages des journaux consacrées à la publicité des films et aux communiqués, une grande vignette annonce la réouverture de la salle et le programme présenté (*La fille du régiment* et *La tête d'un homme*) ; il y est précisé que deux appareils RCA Photophone High-Fidelity ont été installés.

Avant même sa prise de possession du St-Denis, DeSève avait prévu son approvisionnement en films. Il ne pouvait penser à Hurel et à France-Film, bien en selle, qui poursuivaient les mêmes buts que lui. Restait Édouard Garand, dont les ambitions se limitaient à la distribution (sauf en ce qui concernait la gérance du Théâtre Empire à Québec, dont il se chargea durant quelques années) et qui avait déjà de bons contacts à Paris, où il s'était rendu en août 1932. DeSève se rend donc chez Garand, dont l'engagement nationaliste n'est pas pour lui déplaire, et lui propose un partenariat d'affaires. Dès qu'il est dans la boîte, DeSève donne une impulsion nouvelle à la compagnie et, pour souligner sa nouvelle importance tout autant que pour la distinguer des activités d'édition, il propose une nouvelle corporation, qui entre en vigueur le 18 février 1934, sous le nom de Franco-Canada Films. DeSève s'arrange pour se faire nommer président et Garand n'est que directeur. Selon Georges Arpin, comptable des entreprises de Garand depuis 1932 et futur président de France-Film, le nouveau patron a emberlificoté Garand, très porté sur la boisson, après lui avoir fait ingurgiter une bouteille de whisky. La nouvelle direction nomme Léo-Ernest Ouimet au titre de directeur général, engage Maurice West comme directeur des ventes et installe un bureau d'achats à Paris, sous la direction de M. W.-R. Bader. Franco-Canada Films était déjà présente dans quelques villes; bientôt, elle place ses films dans une trentaine de salles des plus importantes agglomérations. À Montréal, DeSève obtient bientôt la gérance de l'Impérial et du National; à Québec, il contrôle le Princess et l'Empire; il devient de plus en plus puissant, mais, comme le marché est en pleine expansion, la guerre n'est pas encore déclarée avec France-Film. En général, les exploitants doivent s'approvisionner aux deux compagnies pour remplir leurs salles, car plusieurs présentent deux programmes différents par semaine. DeSève s'assure aussi de la collaboration des compagnies américaines comme Paramount, Fox, Universal, qui produisent également des films en français.

Pendant que se développe Franco-Canada Films, les choses bougent aussi du côté de France-Film. Le 12 mars 1934, Alban Janin, prospère entrepreneur en construction, investit dans France-Film et en devient l'actionnaire majoritaire, tout en se contentant d'un siège de directeur. Robert Hurel conserve la présidence. La compagnie peut donc envisager un accroissement considérable de ses activités, surtout pour élargir son réseau de salles.

Le quatrième Congrès du film parlant français, qui se tient au prestigieux Hôtel Windsor le mercredi 23 mai 1934, reflète bien la vitalité de l'industrie. Comme les autres années, il est organisé par France-Film afin de mettre en contact les distributeurs et les exploitants et de faire état de la situation du film français au Québec. Il a de nouveau pour slogan une affirmation de son objectif, proclamé sur le lieu de la célébration et reproduit par tous les journaux : « Le succès est au film parlant français. » Ce quatrième congrès prend encore plus d'ampleur que les précédents à cause de la multiplication des intervenants, dont le nombre s'élève désormais à une bonne centaine. Dès le 12 mai, *La Presse* commence à parler du congrès et, le 19 mai, le samedi précédant l'événement, elle lui consacre presque toute une page. Léon Franque (pseudonyme de Roger Champoux) y

St DENIS

TEL LANc 9243-44

"Le foyer du film parlé français"

Sous une nouvelle direction

Le plus luxueux foyer du Film Parlé Français à prix populaires

J.-A. De SÈVE, Dir.-Prop.   R. RICKNER, gér.

La nouvelle administration a fait opérer la réfection totale
de l'acoustique

Deux appareils R. C. A. Photophone "High Fidelity" ont
été installés

La salle a été remise à neuf et le Hall complètement redécoré

Magnifique programme double commençant AUJOURD'HUI

Première fois à Montréal

ANNY ONDRA

dans

LA FILLE DU RÉGIMENT

Le Film le plus intéressant de l'année

2e VUE AU PROGRAMME

HARRY BAUR

dans

LA TÊTE D'UN HOMME

L'amour d'une femme vaut-il la tête d'un homme ?

PRIX POPULAIRES

EN MATINEE sur semaine tous les sièges	15c plus taxe	EN SOIREE	20c—25c plus taxe

CHANGEMENT DE PROGRAMME TOUS LES SAMEDIS

Publicité dans les médias le 19 août 1933.

72

FRANCE-FILM

637 OUEST, RUE CRAIG · · · · · · MONTRÉAL

LE SUCCÈS EST AU FILM PARLANT FRANCAIS

Pendant une dizaine d'années, le slogan de France-Film coiffe sa publicité.

fait, entre autres textes, un éloge dithyrambique de Hurel, sans qui rien ne serait arrivé. Il faut dire que le quotidien est étroitement associé à l'événement et qu'il recevra tous les congressistes pour un cocktail. Le rassemblement se tient sous le patronage du consul de France, René Turck, représenté par Henri Bougarel, et y sont présentes plusieurs personnalités politiques, dont le ministre Athanase David et le maire Camilien Houde. R.A. Benoît, du bureau du premier ministre L. A. Taschereau, vient lire un message de son patron. Édouard Montpetit, secrétaire de l'Université de Montréal, que nous retrouverons encore à quelques reprises dans cette biographie, prononce une brève allocution, que résume ainsi Franque:

Édouard Montpetit, réputé économiste et secrétaire de l'Université de Montréal, deviendra bientôt un des amis de J.A.

73

« [...] Le film français nous permet une prise de contact qui habitue le spectateur canadien-français avec le goût et les habitudes des gens de France. On s'y familiarise avec l'art décoratif français, avec le goût qui règne dans l'installation, la construction, l'ameublement. Le film français permettra à notre population de s'installer de nouveau dans le goût français, qui est fait de grâce, de charme, de profondeur et de vigueur. »

Lorsqu'il reçoit les congressistes, le président de *La Presse*, Pamphile-Réal Du Tremblay, leur lance une invitation : « Ne pourriez-vous pas faire un pas de plus [...] chaque année filmer une pièce dont l'intrigue serait canadienne, le tout dans des cadres canadiens, ce qui constituerait un film canadien ? Je suis sous l'impression qu'un pareil film recevrait un bon accueil en France comme au Canada. » Ce souhait ne tombe pas dans l'oreille d'un sourd, car DeSève, à cette époque, a probablement déjà imaginé se lancer aussi dans la production lorsque ses revenus seraient suffisants. Ce serait l'intégration parfaite des trois niveaux de l'industrie : produire, distribuer et exploiter, à travers une firme qui empocherait ainsi aux trois niveaux. Il a sous les yeux l'exemple des *majors* américains qui fonctionnent exactement selon ce modèle. Il tentera de les imiter quelques années plus tard.

Au congrès, chacun des principaux journaux a son représentant. Au lendemain de la manifestation, *La Patrie*, en plus d'un long compte rendu, célèbre à la une cet «apostolat du film parlant français», dans lequel elle voit un «patriotisme d'action», et elle lance un mot d'ordre:

« Cristallisons dans le film parlant français – cet ami de tous les jours et de tous les soirs – notre attachement au patrimoine séculaire de ce que nous avons de plus cher au monde, en même temps que nos aspirations les meilleures, celles qui ont leur source dans notre volonté de durer et de nous développer dans le sens de nos admirables traditions.

Nous célébrons aujourd'hui la fête de Dollard des Ormeaux, dont l'héroïsme doit nous inspirer. Puisons-y l'énergie dont nous avons besoin pour mener à bien l'apostolat du film français, tel qu'il nous est prêché par des compatriotes d'actions. »

Le Petit Journal (27 mai 1934), quant à lui, résume dans cette formule ce qui ressort du congrès: «Le cinéma français transmet par ses œuvres la culture française.» Personne ne semble s'interroger sur les effets possibles de cette «culture française». D'emblée, on la suppose bienfaisante. On n'en voit qu'une possible évolution du «bon parler français», sans constater ce que les comportements des personnages des films peuvent suggérer de possibles transformations de la morale traditionnelle, ni ce en quoi la vision du monde proposée par les cinéastes peut différer de ce qu'impose le catholicisme ambiant. Est-il possible qu'un intellectuel comme Édouard Montpetit ignore les effets possibles de la diffusion de la culture laïque imprégnant toutes les œuvres françaises, en particulier celles de Marcel Pagnol, de Jean Renoir ou de René Clair, et même celles de Louis Mercanton ? On peut penser que non. Si cet homme et d'autres, comme nous le verrons bientôt, s'impliquent dans cette croisade en faveur du cinéma français, ce n'est pas uniquement parce qu'ils y voient un possible effet sur la qualité de la langue parlée par la majorité. De leur côté, les responsables de la censure ne s'y laissent pas tromper, car ils retranchent de beaucoup de ces films des scènes qui dépeignent une morale déviante par rapport aux enseignements traditionnels de l'Église catholique.

J.A. DeSève est bien entendu présent à ce congrès, avec ses associés Garand, Ouimet et West. Il s'agit de sa première apparition à cet événement. Nul doute qu'il en profite pour multiplier les contacts avec tous ceux qui comptent dans l'industrie. Songe-t-il déjà à une alliance directe avec France-Film ? Sûrement, car il a récemment rencontré Hurel, et tous deux ont collaboré dans la présentation de certains films (par exemple, pour son programme double de *Marius* et *Fanny*, il a obtenu le premier film de son concurrent). Et puis, en octobre 1933, il a acheté pour 40 000 $ d'actions de la compagnie avec son compère Rickner. Jos Cardinal assiste également à la rencontre, mais il n'a sans doute pas très envie de se lancer dans de longues conversations avec celui qui l'a évincé du St-Denis, puis du National… et qui songe probablement déjà à en faire autant avec les autres salles qu'il gère, ce qui se produira quelques années plus tard. Une chose est sûre, DeSève n'a pas l'habitude de se contenter d'une place de second violon, ni de refréner son ambition.

J.A. DeSève partage-t-il la vision patriotique que promeuvent Hurel et ses associés ? Contrairement à Garand, il ne s'est jamais impliqué auprès d'organismes de défense de la culture canadienne-française. Jusqu'alors, il n'a guère exprimé publiquement d'opinions à ce sujet, mais un fond de nationalisme, cultivé dans sa famille et dans le monde des affaires auquel il se mêle progressivement, s'est presque inscrit dans ses gènes, pourrait-on dire. Son propre nationalisme s'est manifesté surtout dans le fait que, contrairement à bien d'autres jeunes industriels montréalais de sa génération, il a plutôt recherché la compagnie d'industriels, avocats et notaires canadiens-français au lieu de tenter d'entrer dans les cénacles canadiens-anglais qui détiennent alors la plus grande partie du pouvoir économique. Il semble bien que France-Film était un lieu tout désigné pour lui.

DeSève arrive à France-Film

Bien que la presse n'en fasse pas état durant cet été de 1934, la lutte est bel et bien engagée entre Franco-Canada Films et France-Film. DeSève n'envisage rien de moins que de prendre le contrôle du numéro un de la distribution du film français au Québec. Trente-cinq ans plus tard, il raconte à Rudel-Tessier :

« Devenu locataire du St-Denis, j'avais besoin de films. Hurel en importait. J'allai donc le trouver pour lui demander de me fournir cinquante-deux films par année. Je lui proposais un contrat de trois ans. Une telle commande méritait bien des arrangements spéciaux sur le prix. Hurel m'accorda tout ce que je lui demandais à condition que je mette 10 000 dollars dans sa compagnie. Mais moi, je croyais au programme double… Il me fallait trouver ailleurs le film qu'Hurel ne me fournirait pas. Je me présentai donc sur la place de Paris comme acheteur. Il arriva ce que je pensais qu'il arriverait, connaissant déjà assez bien le jeu de l'offre et de la demande : le jeu de l'offre et de la demande se trouvait subitement bouleversé… La concurrence que je faisais à Hurel faisait monter les prix. Ça n'était pas encore très cher, mais Hurel, qui, selon un principe bien connu, avait réduit au minimum sa marge de profit pour décrocher la grosse commande, se trouva bientôt dans l'impossibilité d'acheter au-dessous du prix qu'il m'avait consenti. […] Hurel vint me trouver pour m'exposer sa situation. J'avais déjà dix mille dollars dans la compagnie, le reste me tombait tout rôti dans le bec ! »

La démarche ne s'est sûrement pas passée aussi facilement que le décrit DeSève, car Hurel pouvait compter sur le financement d'Alban Janin, et lui-même était aussi du genre batailleur. DeSève semble oublier qu'il profitait surtout des contacts et de l'expertise d'Édouard Garand avec certaines firmes françaises et européennes. Mais l'anecdote illustre bien comment deux distributeurs québécois, surenchérissant avec leurs homologues parisiens, se mettaient dans une situation concurrentielle suicidaire.

Chaque fin d'été depuis 1930, *La Presse* présente les projets des principaux intervenants dans le monde des arts pour la prochaine saison. Le 8 septembre 1934, Léon Franque, le chroniqueur affecté au cinéma, rapporte les propos des dirigeants des deux compagnies rivales au cinéma. Robert Hurel et Michel de Roussy insistent sur la politique de France-Film, qui consiste à ne présenter que les meilleurs films, et affirment que leur bureau de Paris leur a réservé la crème des productions, dont ils lancent des titres à la volée. DeSève et Léo-Ernest Ouimet affirment quant à eux que Franco-Canada Films va faire exactement la même chose ! Mais quand il parle du St-Denis, DeSève révèle que, pour compléter ses programmes doubles, certaines de ses primeurs seront accompagnées par un film que France-Film aura déjà lancé au Cinéma de Paris quelques semaines auparavant, ce qui apparaît tout à fait surprenant parce que les deux compagnies font figure d'adversaires aux yeux du public. Chaque firme annonce dans un grand encadré la série de primeurs qu'elle compte projeter dans les salles de son propre réseau. L'encadré que publie France-Film met l'accent sur ses primeurs présentées au Cinéma de Paris, mais, fait quelque peu étonnant, il annonce huit titres qui seront lancés en exclusivité au St-Denis (« le grand foyer populaire »), propriété de la concurrence : c'est un autre indice des liens qui se tissent entre les deux entreprises ; on y lit aussi que des salles de la chaîne Confederation (Château, Maisonneuve, Cartier, Dominion) projetteront certains de ses produits. L'encadré de la Franco-Canada Films aligne une quinzaine de titres présentés comme une « sélection exceptionnelle », mais, aux yeux de l'historien du cinéma, celle-ci semble bien pâle à côté de celle de son rival, dont font partie les films de Pagnol et de Raymond Bernard, par exemple.

Les deux rivales n'offrent pas la même qualité de programmation…

À peine deux semaines plus tard, ce qui signifie que les deux hommes négociaient sûrement depuis plusieurs semaines, *La Presse* du 25 septembre publie le communiqué suivant, sous le titre « MM. Robert Hurel et J.A. DeSève s'unissent sous la bannière de la France-Film » :

Présenteront pendant la saison

1934-35
Les plus grands succès
du film parlant français

Les quelques titres ci-dessous pris sur la meilleure sélection de la prochaine production suffisent à prouver que

"Le succès est au film parlant français"

EN EXCLUSIVITÉ au CINÉMA de PARIS le rendez-vous de l'élite

"La Porteuse de Pain"
D'APRÈS L'OEUVRE DE MONTÉPIN

"Le Rosaire"
D'APRÈS LE ROMAN DE BARCLAY

"L'Or"
avec BRIGITTE HELM

"Son autre Amour"
avec CONSTANT RÉMY

"Angèle"
de MARCEL PAGNOL

"Bouboule 1er Roi nègre"
avec MILTON

"Au Bout du Monde"
TITULAIRE DU PRIX PULITZER

"La Dame aux Camélias"
avec YVONNE PRINTEMPS

"Fedora"
avec MARIE BELL de la Comédie Française

"Tartarin de Tarascon"
avec LE GRAND RAIMU

"Princesse Czardas"
avec MEG LEMONNIER

"Toi que j'adore"
avec JEAN MURAT

Au SAINT-DENIS le grand foyer populaire

"Fanny"
LE SUCCÈS DE L'ANNÉE

"La Guerre des Valses"
avec FERNAND GRAVEY

"Le Barbier de Séville"
avec ANDRÉ BAUGÉ

"Cette Vieille Canaille"
avec HARRY-BAUR

"Les Misérables"
— TEMPÊTE SOUS UN CRANE
— LES THÉNARDIER
— LIBERTÉ LIBERTÉ CHÉRIE

"La Dactylo se Marie"
avec JEAN MURAT et MARIE GLORY

"Jeunesse"
avec LISETTE LANVIN et JEAN SERVAIS

Aux Cinémas de la — CHATEAU, MAISONNEUVE
Confédération — CARTIER, DOMINION

"La CHATELAINE du LIBAN"
d'après le roman de PIERRE BENOIT

"FANATISME"
avec POLA NEGRI

"GEORGES et GEORGETTE"
avec MEG LEMONNIER

"PAQUEBOT TENACITY"
avec ALBERT PRÉJEAN et MARIE GLORY

"CHATEAU de REVE"
avec LUCIEN BAROUX

"Le FAKIR du GRAND HOTEL"
avec ARMAND BERNARD

"TAMBOUR BATTANT"
avec JOSSELINE GAEL

"Le GENDRE de M. POIRIER"
avec LÉON BERNARD

«Au moment de l'ouverture de la nouvelle saison cinématographique, M. J.A. DeSève, président de la Franco-Canada Films Inc. et directeur des théâtres St-Denis, Impérial et National de Montréal, Empire

81

et Princess de Québec, a résolu de concert avec monsieur Robert Hurel, président de la compagnie France-Film, de concentrer à partir du premier octobre 1934 les efforts des deux organisations sous la marque de France-Film, afin d'assurer plus que jamais dans la province de Québec et au Canada le succès du film parlant français.

Voilà effectivement faite la fusion tant souhaitée, encore il y a un mois dans une interview, par M. Robert Hurel. Le bureau de direction de la nouvelle France-Film sera choisi dans quelques jours.

C'est dire que, désormais, la formule bien connue : "Aux écrans de France-Film" représentera tous les cinémas les plus importants voués au film français.

Disons donc qu'aux écrans de France-Film passeront la semaine prochaine : au Cinéma de Paris, *Bouboule 1ᵉʳ, roi-nègre*, un film de Milton, et au St-Denis *Lac aux dames*, la magnifique adaptation du roman de Vicki Baum. »

Moins de deux semaines plus tard, le 6 octobre, le même quotidien publie cet autre communiqué :

« L'assemblée générale des actionnaires de la France-Film a eu lieu hier matin à 11 heures. On y a approuvé à l'unanimité l'absorption des intérêts représentés par M. J.A. DeSève dans les théâtres qu'il administrait et sa compagnie Franco-Canada.

Le conseil d'administration de la nouvelle France-Film est composé comme suit : M. Robert Hurel, président ; M. J.A. DeSève, premier vice-président et directeur général ; M. Pierre Charton, 2e vice-président ; MM. Alban Janin, R.A. Benoît, le sénateur J.R. Rainville, C.J. Perras, ainsi qu'un représentant de la Confederation Amusements, directeurs.

Enfin, l'assemblée a ratifié l'augmentation du capital de la France-Film à $ 500 000.

M. Michel de Roussy reste le directeur commercial de la France-Film et il secondera M. DeSève dans la distribution des films français. »

Ainsi, la guerre de la distribution n'aura pas lieu. Le premier communiqué établit clairement que c'est DeSève qui a mené le jeu et a fait de Hurel, pourtant l'initiateur du projet, un second violon. Probablement a-t-il négocié surtout avec Alban Janin, l'actionnaire majoritaire, un homme d'affaires aguerri et réaliste, intéressé avant tout par les bilans financiers, et fervent nationaliste. Hurel demeure président, sans doute une gentillesse de Janin qui aurait pu s'approprier le poste, mais peut-être aussi à cause de l'utilité que lui confèrent ses contacts parisiens. Édouard Garand n'est même pas mentionné, DeSève l'ayant déjà écarté ; il retourne à son activité d'éditeur, et c'est à ce titre que nous le retrouverons bientôt.

Le 5 octobre 1934, J.A. DeSève a donc presque atteint son objectif de devenir le numéro un dans l'exploitation du film en français au Québec, rêve qu'il caresse depuis 1929. Il n'est pas le président de France-Film mais, à titre de directeur général et d'actionnaire important, il a la mainmise sur l'ensemble des opérations et il peut influencer toutes les décisions. Mieux que Robert Hurel, il connaît le milieu québécois et il a davantage le sens des affaires.

Diversification des intérêts

Le cinéma, c'est bien, et il est sûr que l'entreprise ne peut que grandir dans les années à venir, mais DeSève a envie d'investir aussi dans d'autres secteurs du divertissement.

En janvier 1934, il est à la tête de la Montreal Century of Progress World Fair, compagnie qu'il vient de fonder avec Raoul Rickner, Armand Vincent, Armand Renaud et L. Ouellette. Il s'agit de faire venir à Montréal les spectacles forains récemment présentés à la Foire universelle de Chicago. L'événement est fort médiatisé. Les communiqués précisent que, en plus des attractions décrites dans l'annonce, il y a aussi un éléphant savant qui fait de la bicyclette, des mystères de l'Inde, un village mauresque, des animaux ramenés de la jungle. Le succès est assuré.

Quelques mois plus tard, DeSève ravit le National à Jos Cardinal, qui y présentait alternativement du théâtre et du cinéma. Sous sa direction, la salle se spécialise dans le mélodrame. À Jean Béraud (Jacques La Roche), chroniqueur de théâtre de *La Presse* (8 septembre 1934), il énonce ainsi sa politique :

« Le programme du National comporte, en plus d'une pièce en cinq actes, généralement un mélodrame populaire qui a fait ses preuves, un film français ainsi que plusieurs courts sujets et des tours de chant.

Je veux m'attacher à plaire au client qui ne peut pas payer cher pour aller au spectacle. J'ai observé que c'est celui-là, et non l'amateur riche qui peut se payer des voyages, qui devient vraiment un habitué du théâtre dont les spectacles lui plaisent. […]

J'avais essayé d'abord de donner du spectacle "burlesque" [c'est la spécialité de l'Arcade, à quelques portes de là], mais le théâtre a aussitôt périclité. Depuis le règne du mélo, la salle ne désemplit pas. Le mélo est donc là pour y rester, il est du goût du public. De temps à autre, nous présenterons certaines pièces qui, tout en n'étant pas des mélos, sont des œuvres dramatiques très poussées. Nous donnerons même des pièces en costume.»

À cet effet, il a engagé comme directeur artistique Raoul Lery, un habitué des scènes montréalaises depuis quelques décennies, et il a réservé 77 titres à la Société des auteurs dramatiques, dont des succès assurés comme *Les misérables*, *Les deux orphelines*, *La môme aux beaux yeux*, *La Tour de Nesle*, etc. Les semaines saintes, il présentera une *Passion*. Il a confié à Raoul Rickner, son complice dans la prise de possession du St-Denis, la gérance de la salle. Il conservera celui-ci à ce poste pendant cinq ans avant de l'écarter définitivement de ses affaires. Après la guerre, Rickner deviendra pour quelques années gérant du Français, une salle de Famous Players.

France-Film devient encore plus forte

L'année 1935 en est une de consolidation pour France-Film. Un des premiers gestes est l'achat du Théâtre St-Denis, devenu le fer de lance de la compagnie et le lieu des projections des grandes primeurs, à la place du Cinéma de Paris. Le 6 février, Alban Construction, une des compagnies d'Alban Janin, l'achète de John P. Bickell qui l'avait acquis le 3 octobre précédent du Prudential Trust, détenteur d'une hypothèque consentie à la St-Denis Corporation. La vente se conclut pour 250 000 $; Janin verse 150 000 $ le jour même et s'engage à fournir le reste au plus tard le 7 avril suivant, ce qu'il fait le 6. Comment s'effectue la comptabilité de cette salle qui appartient à une filiale du principal actionnaire, Alban Janin, mais dont tout le monde croit qu'elle est la propriété de France-Film ? Nous ne le saurons peut-être jamais, puisque les registres de comptabilité semblent avoir disparu. Le St-Denis ne fera officiellement partie de France-Film que le 10 décembre 1948, comme on le verra au chapitre cinq.

Le 4 juin 1935, à l'Hôtel Windsor, lors du congrès annuel que France-Film organise et auquel participent 200 personnes, l'heure est aux réjouissances. Le quotidien *La Presse* fournit une couverture exceptionnelle à l'événement et reçoit, encore cette fois, les congressistes ; Hurel félicite d'ailleurs les dirigeants de cette « maison hospitalière » pour l'aide qu'ils apportent à la diffusion de la culture française. Il faut dire que le chroniqueur de cinéma Léon Franque (Roger Champoux) est un ami de DeSève, et qu'il reçoit de l'argent de France-Film pour rédiger les communiqués remis aux journalistes, ce qu'ignorent évidemment les lecteurs ; jusque dans les années 1960, alors qu'il est directeur de la section culturelle, il recevra ainsi des sous pour veiller à ce que le cinéma français ait bonne cote dans le quotidien.

La diffusion du film en français s'étend de plus en plus : elle n'était que de 1 % en 1931, elle a atteint 17 % en 1934 ; elle a attiré trois millions de spectateurs en 1932, le double en 1934 ; 54 salles de partout au Québec projettent alors au moins 72 films par année. Tout le monde se réjouit du grand succès de *Maria Chapdelaine*, que Julien Duvivier est venu tourner au Québec en 1934, avec les grandes vedettes Jean Gabin et Madeleine Robinson ; le film met aussi en vedette Fred Barry, le populaire comédien québécois, mais il n'y tient qu'un petit rôle. Le film est lancé en grande pompe au St-Denis, le 5 janvier 1935, et, selon ce qu'en disait *Le Courrier du cinéma* (mars 1936), il aurait obtenu un très grand succès et attiré au moins 70 000 spectateurs. Franque souligne en ces mots l'aspect culturel de ce succès : « Quelle magnifique publicité ce film n'a-t-il pas faite à notre province ! Mieux que cent discours, voyages, volumes, etc., il nous a fait connaître ; il a dit à nos cousins d'outre-mer pourquoi nous avons si glorieusement

résisté en cette terre difficile. Le miracle français a trouvé dans le cinéma son plus convaincant héraut.»

Dans son discours, Robert Hurel, président du congrès, rend un hommage particulier à son ancien concurrent: «C'est grâce à M. DeSève que le film français est appelé à vivre dans la province de Québec. Je mourrai, mais M. DeSève sera toujours là par son énergie et son travail pour faire vivre le film français. C'est une mission que je lui confie.» Ce témoignage prend une portée particulière quand on sait que deux ans plus tard, Hurel, relégué, à Paris, à un poste mineur dans la compagnie dirigée par DeSève, se suicidera (la presse ne parlera toutefois que d'un arrêt cardiaque, le suicide étant un sujet tabou).

Le congrès fournit l'occasion d'inaugurer la petite salle de projection privée que DeSève a fait construire au troisième étage du St-Denis, un «cinéma miniature aux riches décorations» (Franque), d'une vingtaine de sièges, pourvu d'un bar bien garni, équipé en 35 mm et en 16 mm, avec une excellente acoustique. Pendant une trentaine d'années, les dirigeants de France-Film vont y visionner, avant le passage au Bureau de censure, évidemment, souvent en compagnie d'amis et de journalistes, tout ce que la compagnie va distribuer et même, comme on le verra au chapitre suivant, des films réservés à une diffusion clandestine. Plusieurs employés auront aussi l'occasion d'y visionner les images que le reste du public ne verra pas.

Si le succès du film français apporte de quoi se réjouir, il ne permet pas d'oublier que les écrans québécois demeurent encore occupés à plus de 80 % par le cinéma américain. Ces films font vendre pas moins de 25 des 30 millions de billets achetés dans les salles du Québec. Les studios hollywoodiens offrent alors une marchandise très séduisante : Chaplin et ses meilleurs longs métrages ; la comédie musicale ; le western avec ses vedettes émergentes comme John Wayne et Gary Cooper ; le film noir ; le triomphe de Mae West ; etc. Il faut se lever tôt si on veut livrer bataille à de tels géants. Le seul obstacle au triomphe des films américains, c'est que ceux-ci sont presque uniquement présentés en anglais. Le doublage a été inventé à la fin de 1932, mais les compagnies américaines n'offrent généralement au Québec que les versions originales de leurs productions, ce qui ne limite pas vraiment leur diffusion, mais laisse une place pour un autre marché. On peut tout de même voir une version doublée du *Signe de la croix* en 1933 ; c'est un cas rare, mais le sujet du film offrait toutes les garanties de succès.

Le nationalisme de France-Film

Durant toute la décennie 1920, le clergé catholique et quelques intellectuels ont combattu avec véhémence l'« américanisation qui nous vient par le cinéma ». Édouard Montpetit, l'un des intellectuels les plus réputés du moment, est de nouveau présent au Congrès du film parlant français. Il commence par louanger le travail de DeSève ; puis, il oriente sa causerie sur la nécessité de lutter contre l'influence américaine. Depuis 15 mois, dit-il, il étudie sérieusement l'impact du cinéma hollywoodien et les réactions qu'il suscite, ce qui l'amène à ces conclusions :

« En ces temps difficiles, nous avons un besoin urgent de nous accrocher à une civilisation et c'est au cinéma français que nous devons demander la connaissance du vrai visage de la France. Le cinéma français nous apporte l'école de la France et nous aide à réagir contre les pénétrations étrangères. […] Cette civilisation, nous la voyons sur l'écran, nous en découvrons le visage intime. […] Le film français peut et doit amasser pour nous, comme dans un coffre précieux, des façons de sentir et de comprendre qui nous aideront à mieux prendre conscience de nous-mêmes et de notre rôle. […] Ce cinéma est devenu une formule de connaissance et de formation… »

Ces paroles ont tout pour plaire à DeSève et à Janin, dont le nationalisme est bien connu. À cette époque, Janin s'apprête d'ailleurs à publier un réquisitoire virulent contre le cinéma américain dans *Notre américanisation : enquête de la Revue dominicaine (1936)* en compagnie de ténors du milieu culturel qui traitent de la radio, des revues, des sports, etc. Pour lui, le film français est « l'agent de résistance à la pénétration chez nous du film américain […] l'antidote au film américain » ; il est « plus vrai… plus artistique… plus moral », surtout parce que la censure a su épurer les films de tout ce qui ne convient pas à la mentalité canadienne.

Cette idée s'inscrit dans le point de vue auquel souscrit le chanoine Lionel Groulx depuis plus de 10 ans, et que la majorité des élites canadiennes-françaises partage : la résistance à l'américanisation doit être considérée comme un devoir national.

Ce devoir convient tout à fait à DeSève qui n'aime pas beaucoup le cinéma américain. Il se complaît plutôt dans le ton des films français et dans les histoires romantiques et les drames qu'ils racontent. Il en apprécie les situations plus proches de la vie ordinaire et qui provoquent beaucoup d'émotions. Il se reconnaît dans les rôles d'hommes forts qui font preuve de sensibilité avec les femmes. Il se laisse emporter par la gouaillerie de Louis Jouvet et de Jean Gabin. Il place au-dessus de tout les comédies de Marcel Pagnol, qu'il visionne à plusieurs reprises. Il adore le genre de personnage qu'incarne Arletty, tant dans sa vie privée qu'à l'écran. Au même moment, le cinéma américain se voit aseptisé en grande partie par le *Production Code* et la *Legion of Decency*, et il faut beaucoup d'ingéniosité à une Mae West pour braver les interdits et suggérer, à défaut de montrer, une sensualité certaine.

En ces années 1935-1936, on ne peut douter du nationalisme canadien-français de J.A. DeSève. Mais, politiquement, à quel parti adhère-t-il ? Officiellement, à aucun, selon toutes les personnes interviewées. Il aime rencontrer les hommes politiques dans les réceptions ; il blague à leur sujet lors des élections, mais il ne révèle jamais pour qui il vote. Par ailleurs, durant les campagnes électorales, il cotise à la caisse des deux partis au pouvoir! Il agira ainsi toute sa vie. Dans la collection *Biographies canadiennes-françaises*, sur la page consacrée à chacune des personnes assez importantes pour figurer dans ce *Who's Who*, l'affiliation politique de chacune est presque toujours indiquée : ce n'est pas le cas pour DeSève. L'article ne mentionne aucun de ses liens familiaux non plus, ce qui est encore plus inhabituel. Il est d'ailleurs assez significatif de ne le retrouver dans cette série de minibiographies qu'en 1965, alors qu'on s'attend à l'y voir figurer dès les années 1930. À la fin des années 1960, alors que naît un nouveau nationalisme sous la direction de René Lévesque, DeSève aurait-il été d'allégeance séparatiste? Cela est possible, mais il ne l'aurait probablement jamais admis publiquement.

Depuis le milieu des années 1920 et jusqu'au début des années 1960, le nationalisme canadien-français qui se veut efficace tant dans la sphère économique que politique est particulièrement identifié à l'Ordre de Jacques Cartier, familièrement appelé « La Patente », une société secrète, « au service de l'Église et de la patrie, dans la discrétion », qui regroupe presque tout ce que le Québec compte de gens influents : hommes d'affaires, journalistes, professeurs, intellectuels, curés, etc. L'abbé Lionel Groulx, célèbre historien engagé, inspire le mouvement, et il est plus que probable que les personnalités qui gravitent autour de lui, d'Édouard Montpetit à Marcel Faribault, présents aussi dans l'entourage de DeSève, se retrouvent dans les réunions secrètes. DeSève lui-même y prend-il part? Plusieurs de ses associés d'affaires se retrouvent probablement dans la Patente, mais lui-même n'est pas du genre à se joindre à ce type d'organisation, même s'il en partage les objectifs et le goût du secret. Il en est toutefois assez proche, comme le suggère le compte rendu du congrès de l'Ordre en 1943, qui propose la « création d'un cinéma canadien-français ».

En décembre 1935, Édouard Garand, qui s'intéresse toujours au cinéma, et Maurice West, lié à la diffusion du cinéma depuis 20 ans, lancent le magazine *Le Courrier du cinéma* qui affiche, en bannière de son premier numéro : « Revue officielle mensuelle des théâtres, principaux distributeurs et producteurs de films du Canada et des États-Unis. » Les éditeurs ne manquent pas d'ambition ! La première année, la revue présente un contenu très disparate : des éditoriaux en première page (pour l'admission des enfants dans les salles, contre les taxes trop élevées, etc.) signés C. Néma, peut-être un autre pseudonyme de Roger Champoux ; de la publicité pour beaucoup de salles, même anglophones, mais surtout pour les salles du réseau de France-Film ; des photos pleine page d'acteurs et d'actrices ; des potins de Hollywood ; des « nouvelles de France-Film » et des studios français,

LE COURRIER DU CINÉMA

Revue officielle mensuelle des théâtres, principaux distributeurs et producteurs de films du Canada et des États-Unis.

| Vol. 1 — numéro 1 Décembre 1935 | Le courrier du Cinéma est publié par Davis & Garand, éditeurs 1425, rue Ste-Elisabeth, à Montréal. - LA. 6586 | Abonnement : un an . . . . .50 |

Demande a été faite au Parlement pour être classifié comme matière postale de seconde classe afin de recevoir les privilèges qui s'y rattachent.

La bannière du magazine qui va devenir l'organe officiel de France-Film.

une interview avec DeSève ; un « roman canadien inédit complet » que fournit la maison d'édition de livres de Garand ; des notes historiques sur le cinéma ; etc. Progressivement, le cinéma français en vient à occuper tout l'espace, et le contenu du magazine se résume presque toujours à des éléments publicitaires, avec parfois quelques nouvelles liées à France-Film. À compter de 1938, l'adresse de la revue n'est plus celle de la maison d'édition de Garand, mais celle de France-Film, au 637 Ouest de la rue Craig, et le *Courrier* est maintenant qualifié d'« organe officiel » du distributeur, ce qu'il restera jusqu'à sa disparition en 1954. Garand y demeure toutefois associé, à divers titres, pendant plusieurs années.

J.A. DeSève s'impose de plus en plus comme étant l'âme dirigeante de France-Film. Alban Janin reconnaît son travail et il veut le lier plus solidement à la firme. Le 30 septembre 1936, il lui cède un nombre significatif de parts « tant ordinaires ou communes que préférentielles » pour la somme de 11 200 $, un montant plutôt minime si on le compare avec le capital action de 300 000 $ de l'ensemble (qui n'inclut pas la valeur des propriétés). Il pose toutefois deux conditions importantes : d'abord, il conserve le droit de vote relié à ces actions ; ensuite, lui et DeSève ne peuvent se départir de leurs actions sans d'abord se les offrir mutuellement. En cas de décès de l'un d'entre eux, l'autre a la priorité pour le rachat des actions. Pour la première condition, DeSève, le 21 décembre suivant, signe une procuration, valable pour 10 ans, autorisant Janin à voter en son nom à toutes les réunions des actionnaires. Accomplit-il ce geste de gaieté de cœur ? Probablement pas, mais, comme il contrôle de fait toutes les activités de la compagnie en tant que directeur général, peut-être se dit-il que toute convention d'affaires pourra éventuellement être modifiée selon les besoins des partenaires. Pendant quelques années, tout se passe bien, mais les relations entre les deux hommes s'envenimeront durant la Seconde Guerre mondiale et aboutiront en de longues démarches judiciaires à compter de 1945.

Le 6 octobre 1936, France-Film disparaît pour laisser place à… France-Film, une nouvelle corporation qui, tout en subissant une légère réorganisation, hérite de tout ce qui constituait l'ancienne. Est-ce une conséquence du nouvel arrangement entre Janin et DeSève ? C'est possible, du moins en partie, bien que ce dernier n'occupe toujours que son poste de directeur général. Robert Hurel, cependant, est écarté

Les dirigeants et le personnel de France-Film à la fin des années 1930.
Au centre, Alban Janin.

de la présidence, qui revient à Arthur Vallée, avocat riche et prestigieux de Montréal. Hurel, le fondateur de l'entreprise, se voit éconduit sans trop comprendre ce qui lui arrive, bien qu'il saisisse très bien qu'il n'a plus d'avenir dans une compagnie dirigée par DeSève. Il cède alors ses actions et retourne à Paris où il n'occupera qu'un modeste emploi d'acheteur avant de se suicider, un peu plus d'un an plus tard. Alban Janin, qui contrôle l'argent, devient vice-président.

En cet automne de 1936, J.A. DeSève connaît probablement les plus beaux moments de sa vie jusqu'alors. En affaires, il a enfin réussi à se hisser au sommet d'une firme importante où la sensation du pouvoir peut se doubler de jouissances esthétiques. Il a fait de France-Film une compagnie très rentable et qui ne cesse de croître, tant à l'aide d'acquisitions que d'associations avec des concurrents. Il y détient pratiquement les pleins pouvoirs, le président Arthur Vallée n'étant là que pour garantir le renom de l'organisation. Le «p'tit gars de Saint-Henri» fait dorénavant partie de l'élite des affaires et de la culture montréalaise. Il côtoie régulièrement les meilleurs comédiens et metteurs en scène de théâtre du Québec; il assiste à leurs créations et il se plaît en leur compagnie. Parmi ses amis figurent des personnalités importantes comme l'économiste Édouard Montpetit, secrétaire de l'Université de Montréal, Victor Doré, président de la Commission des écoles catholiques de Montréal, la famille Janin, le notaire Lionel Leroux, et le chroniqueur Léon Franque (Roger Champoux) de *La Presse*.

Plus tard, quand il revient sur cette période dans une entrevue accordée à Conrad Bernier de *Nouvelles et potins* (2 mars 1957), il souligne :

« La réussite de France-Film, c'est une réussite d'équipe. J'ai eu des collaborateurs exceptionnels. Aujourd'hui, ce sont les mêmes qui sont à mes côtés, et je me dois de leur rendre hommage publiquement. J'ai fait tous les métiers à France-Film. J'ai été opérateur, balayeur, placier, comptable, publiciste, etc., etc. Je ne le regrette surtout pas. Ces expériences fort diverses m'ont aidé à mieux comprendre mon personnel et je peux dire que je connais tous les rouages de mon organisation. »

Il enjolive un peu beaucoup la réalité. Déjà, il aime répéter la petite légende qu'il a savamment construite à son sujet. De cette période des années 1930, en fait, ne demeure à ses côtés que Georges Arpin, jeune comptable engagé en 1932 par Édouard Garand dans sa maison d'édition et qui, dans les années 1950, prendra progressivement la direction de France-Film, alors que DeSève investira beaucoup de ses énergies dans la production télévisuelle. DeSève semble oublier qu'il a manœuvré, pas toujours avec élégance et parfois même avec fourberie, pour écarter les Cardinal, Garand, Rickner, Hurel, Janin, de Roussy, etc. Une chose est cependant sans équivoque : il a acquis une profonde connaissance de tous les rouages de la diffusion du cinéma.

Chapitre 4
De 1937 à 1945 : les multiples engagements

De 1937 à 1942, sous la direction de J.A. DeSève, France-Film a le vent dans les voiles. Pour le film français, la demande dépasse l'offre. À la une du *Courrier du cinéma* de mai 1937, la firme pavoise avec une grosse manchette : « Le triomphe du film français » :

« L'œuvre de France-Film dans ce domaine revêt l'ampleur d'une héroïque croisade. [...] France-Film a lutté ; sa victoire est décisive ! France-Film a été le champion du français ; son appel a été entendu. Sept années d'efforts lui ont permis d'offrir à la population ce qu'elle désirait : du cinéma présenté dans la langue de France. Plus de cinquante millions de spectateurs, depuis sept ans, ont récompensé par leur encouragement infatigable la bataille engagée par France-Film pour la défense de l'art et de l'esprit français. Désormais la province ne saurait se passer du film français. [...] France-Film n'a eu qu'un mot d'ordre depuis sa fondation : "Grandir avec le Québec français." Il a grandi, il a progressé, si bien que cette progression prend aujourd'hui figure de triomphe. »

Quelques mois plus tard, en septembre 1937, le magazine donne la parole à DeSève pour annoncer la nouvelle saison. Il promet 104 films, qu'il veut lancer à raison de deux par semaine (en programme double), au St-Denis surtout, où les films ne tiennent l'affiche que durant une semaine, et au Cinéma de Paris.

Tout va si bien que, en plus de s'adjoindre de nouveaux exploitants dans plusieurs villes du Québec, France-Film fait construire, dans le quartier Rosemont de Montréal, une salle de 700 places pour répondre aux besoins d'une population en pleine croissance. Le Beaubien est inauguré le 3 décembre 1937 et ouvert au public le lendemain ; la salle est « coquette, hospitalière, munie de tous les dispositifs de confort et de sécurité désirables », se réjouit le rédacteur du *Petit Journal* deux jours plus tard ; on y présente les primeurs que le St-Denis ou le Cinéma de Paris ont offertes peu de temps auparavant. Cette salle va connaître un destin particulier : elle passera entre les mains de divers réseaux de salles, pour finalement redevenir une petite salle de quartier mettant au programme des films de qualité. On peut supposer que DeSève ne serait pas fâché de l'atout culturel que représente aujourd'hui le Beaubien.

Le succès de France-Film fait, bien sûr, des envieux. Le 26 février 1938, *Le Devoir*, dont le nationalisme s'apparente à celui des dirigeants de France-Film,

À la mi-janvier 1938, au moment où donne un tour de chant au His Majesty's, le jeune et déjà célèbre chanteur Tino Rossi pose avec les dirigeants de France-Film, qui distribue ses films Marinella et Au son des guitares. Dans l'ordre habituel : DeSève, Tino Rossi, Arthur Vallée, Félix Marouani (gérant de la vedette) ; debout : Michel de Roussy, Paul Maugé (publiciste), Roger Champoux, J. A Gauvin (imprésario canadien de Rossi) et Ernest-Pallascio-Morin (journaliste).

mais qui, pour des motifs religieux, lutte contre le cinéma depuis deux décennies et ne publie aucune publicité de films, lance une bombe : « Le trust nord-américain du cinéma veut s'emparer du film français. » Déjà, des salles de la chaîne Confederation, qui appartient à des Canadiens mais est affiliée à des Américains, projettent des films que DeSève leur fournit en seconde tournée, comme pour les salles de quartier, après les avoir projetés dans les salles de primeurs de toutes les villes où il a des associés ; cette fois-ci, cependant, une guerre s'amorce. Le distributeur Regal Films, qui appartient à la Famous Players, un *major* américain, est allé à Paris signer des contrats pour plusieurs films importants, qu'il présente au Bureau de censure dès décembre 1937.

101

Si les Américains commencent à surenchérir auprès des firmes françaises en leur proposant davantage que ce que France-Film peut offrir, la menace est tangible. De plus, ces mêmes Américains ont eux aussi un réseau bien organisé de salles de quartier, et ils peuvent y projeter ce qu'ils veulent ; ils peuvent menacer les indépendants à qui ils fournissent des films américains de cesser de les approvisionner s'ils ne programment pas aussi des films français.

Au bout du compte, la guerre n'a pas vraiment lieu. DeSève conserve de bonnes relations avec ses partenaires français. La Regal se voit refuser plusieurs films importants par la censure (*Orage*, *Pepe le moko*, etc.), ce qui contribue à diminuer son enthousiasme. France-Film va reprendre certains de ces films un peu plus tard et les « reconstruire » pour les rendre acceptables aux yeux des censeurs.

Le comité de précensure des films

En ce début de 1938 débute un des épisodes les plus cocasses de l'activité de distributeur de J. A. DeSève : son comité de précensure des films, dont il signe toutes les fiches d'évaluation en tant que secrétaire.

Rappelons d'abord que la censure étatique du cinéma s'exerce de deux façons : la limitation du public selon les groupes d'âge (film réservé aux 16 ans et plus, par exemple) et l'interdiction totale ou partielle des œuvres elles-mêmes. La censure au Québec existe depuis 1911, quand une première

102

mesure interdit l'entrée dans les salles aux moins de 15 ans qui ne sont pas accompagnés d'un adulte responsable. En 1928, après l'enquête sur l'incendie du Laurier Palace où 78 enfants trouvèrent la mort le 9 janvier 1927, la loi interdit à tous les moins de 16 ans l'accès aux salles ; c'est ce qui prévaut à l'époque qui nous occupe (ce n'est qu'en 1967 que les visas par catégorie d'âge, « 18 ans », « 14 ans » et « Pour tous », seront instaurés). En ce qui concerne l'interdiction totale ou partielle des œuvres cinématographiques, depuis avril 1913, le « Bureau de censure des vues animées du Québec » examine tous les films destinés à la projection publique et accorde à chacun un visa d'exploitation approprié.

Chaque année, des dizaines de films sont refusés ou subissent des coupures plus ou moins importantes. Le « respect de l'ordre social » et les « bonnes mœurs » régissent les principes généraux de la censure, mais le Bureau s'est progressivement donné un ensemble de directives fort précises regroupées sous les titres suivants : sexe, crimes, religion, patriotisme, loyauté envers le Roi, bolchevisme et communisme. Ce sont des reproductions presque à la lettre du célèbre *Production Code*, administré par le Hays Office, qu'ont établi les studios américains en 1930 pour épurer les films sur scénario. Le Bureau ne compte aucun ecclésiastique parmi les censeurs, nommés directement par l'État et le plus souvent pour des raisons politiques, mais on devine facilement que ces membres de l'élite petite-bourgeoise canadienne-française sont très sensibles à l'opinion des dirigeants de l'Église catholique et qu'ils consultent ces derniers à l'occasion. Par exemple, on peut imaginer qu'il fallait l'esprit d'un clerc pour exiger les coupures suivantes dans *La passion de Jeanne d'Arc* de Carl Dreyer : « Face de moine bouffie… Face de moine vicieux… Moine gras à outrance… Tête de brute de l'évêque… » Il y en a 14 autres du même genre.

Dès son arrivée au Québec, le cinéma français se voit davantage censuré que le cinéma américain. Il n'a jamais existé en France une institution comme le *Production Code* américain, même s'il existe dans les années 1930 diverses formes de censure (une censure locale exercée par les maires et la préfecture, une censure centrale exercée par une commission nationale). Les films importés par DeSève ont donc tous déjà été examinés dans leur pays d'origine et ils ont parfois perdu quelques images. On devine que les critères des censeurs français n'avaient pas la sévérité et la précision de ceux du Bureau québécois, surtout en ce qui concerne les mœurs. En général, les films ont aussi déjà subi l'épreuve de la critique et reçu de l'Église catholique de France une évaluation pour divers publics. L'Église du Québec établira aussi ce genre de cotes (« Pour tous », « Pour adultes », « Pour adultes avec réserves », « À déconseiller », « À proscrire »), mais seulement après la Seconde Guerre mondiale. Entre-temps, *Le Devoir* a commencé à publier, le 15 février 1937, ce qu'il fera jusqu'au 30 août 1942, un « Ciné-guide » qui, en une dizaine de lignes, donne quelques informations sur chacun des films et offre un jugement de convenance pour le public ; à Québec, *L'Action catholique* fait de même avec son « Ciné-Bulletin » dès le 20 novembre 1937.

Bien entendu, DeSève n'achète que des produits qu'il croit pouvoir faire accepter par le Bureau provincial. Bien au fait des pratiques locales, il veut éviter le plus possible de faire mutiler ses films par les fonctionnaires. S'il en avait le droit, il retrancherait sans doute lui-même les scènes qu'il juge inacceptables, mais la loi prescrit de n'apporter à la censure que la version intégrale du film. Toutefois, si le film est refusé entièrement, le distributeur peut alors proposer une nouvelle version de laquelle il a lui-même retranché des éléments ou dont il a modifié le montage, en faisant une « reconstruction », mot officiel utilisé par les censeurs pour désigner les coupures et autres altérations. Pour prévenir les coups, DeSève crée son propre comité de visionnement qui examine attentivement les films et propose son évaluation. Dans ce comité, il s'adjoint, outre les dirigeants de France-Film Arthur Vallée et Alban Janin, le chanoine Adélard Harbour, curé de la cathédrale de Montréal. Ce dernier est connu du grand public comme étant le porte-parole de l'Église catholique en matière de cinéma. En 1927, après l'incendie du Laurier Palace, il a été le fer de lance de la hiérarchie dans la rédaction d'articles et de pamphlets réclamant une censure toujours plus sévère et l'interdiction de l'accès aux salles pour les moins de 16 ans. Il use et abuse alors de tous les arguments d'autorité, qualifiant le cinéma d'« antipédagogique », un « étalage de monstres », un « panthéon frelaté », une « école du soir tenue par le diable », empreint d'une « obscurité favorisant tous les dérèglements », un « lieu de propagation de maladies contagieuses », etc. Pour lui, il faut suivre aveuglément ce que décrètent les évêques : « À nous le devoir tout simple d'obéir. » Selon lui, idéalement, il faudrait bannir complètement le cinéma, délétère en soi, car il n'apporte rien de bon. Mais puisque le cinéma est là pour rester, il faut composer avec lui et tâcher d'éviter le pire ! Ce n'est qu'en 1936, avec l'encyclique *Vigilanti Cura* de Pie XI, que le cinéma sera reconnu comme n'étant en soi ni bon ni mauvais, mais simplement comme un « moyen de communication » dont on

COMPTE RENDU de la présentation du film: "GRISOU" - tenue au théâtre "S. DENIS", le premier juin, 1938, à 8 hrs. p.m.

ÉTAIENT PRÉSENTS: M. le Chanoine Adélard HARBOUR;
M. Arthur Vallée;
M. Alban Janin;
M. J.A. DeSève.

•••
•••••••••••••••••••••••••••••••••••••••

Voici un film contenant quelques bons épisodes sur la vie des mineurs et joué avec beaucoup de conviction. L'impression d'ensemble n'est pas mauvaise: le caractère de la femme frivole est étudié avec assez de perspicacité.

La cote "CONVENABLE" lui a été attribuée; on a suggéré cependant d'enlever les mots suivants:

DANS LA 5e BOBINE, PAGE 32 DU DIALOGUE: LA LOUTE.- Et nos belles nuits, Tony.. tu crois que tu vas les oublier comme ça ?

TONY. - Oh! c'est déjà fait ... moi, y m'faut une journée pour oublier les nuits alors ...

DeS- d.   RESPECTUEUSEMENT SOUMIS,

MONTRÉAL, CE SEPTIÈME (7e) JOUR DE JUIN, 1938.

Secrétaire.

Ce film est refusé par les censeurs pour la raison suivante : « Femme trompe ouvertement et obstinément son mari avec plusieurs hommes et sans aucun repentir, etc. Mauvaise leçon. »

peut tirer aussi bien le meilleur que le pire. Dès lors, Harbour adoucit ses jugements, et s'il se permet de visionner certains films à plus d'une reprise, c'est qu'il se laisse probablement griser, désormais, par la magie filmique.

Occasionnellement, les fiches d'évaluation de certains films mentionnent que M. Édouard Montpetit (l'économiste réputé et très influent dont on a déjà parlé), M. Victor Doré (président de la Commission des écoles catholiques de Montréal) et Me Louis Emery Beaulieu, accompagnés de leurs épouses, ont participé au visionnement, comme si le distributeur espérait ainsi donner plus de poids à l'évaluation du comité. Ces personnes font partie de l'élite canadienne-française des années 1930 et 1940. Leur jugement a normalement beaucoup d'importance. Que ne donnerait-on pour assister, par exemple, à la discussion qui suit la projection de *Train pour Venise* (Louis Verneuil) dans la petite salle du St-Denis, le 12 février 1939, alors que ces personnes décident d'accorder la cote « Convenable » au film parce qu'il s'agit d'un « vaudeville spirituel et divertissant, mené sur un train endiablé par de bons artistes. Le thème est inoffensif ; les moyens pris par Ancelot pour reconquérir sa femme sont honnêtes. » Peut-on imaginer leur surprise quand, quelques mois plus tard, ils apprennent que le Bureau de censure a retranché plusieurs scènes importantes du film ? Quoi qu'il en soit, la présence de ces personnalités aux visionnements nous renseigne sur le réseau de contacts de DeSève.

Le comité de précensure mis sur pied par DeSève entame ses séances au début de 1938. La plus ancienne fiche d'évaluation à avoir été conservée est datée du 24 janvier et concerne *Monsieur Breloque a disparu* (Robert Péguy), visionné cinq jours auparavant, le 19, et soumis à la censure seulement le 18 mai suivant. Le jugement rendu est simple : « Film qui est amusant et absolument inoffensif, pour tous. Aucune coupure n'est suggérée. » Cela n'empêche pas le bureau officiel, présidé par Arthur Laramée, un ami de Harbour pourtant, d'exiger six brèves coupures du dialogue, où il est question du divorce (le mot lui-même doit être banni des salles) et de références religieuses. Pour presque tous les films, le comité de DeSève se montre moins sévère que les censeurs. Par exemple, il qualifie *Hôtel du Nord* (Marcel Carné) de « convenable », en précisant que le chanoine Harbour l'a vu trois fois, mais cela n'empêche pas son refus par le bureau officiel, sous le prétexte suivant : « Film déprimant, contraire aux principes de la morale chrétienne » (le chef-d'œuvre de Carné sera accepté un an plus tard avec quelques coupures). Si le comité de précensure suggère certaines coupures, d'autres sont ajoutées par les fonctionnaires.

Quand le comité de DeSève propose aux censeurs de l'État de refuser un film – ce qui est paradoxal, car il doit payer environ 30 $ pour chaque copie soumise –, il l'est automatiquement par le Bureau. Et c'est là que ça devient intéressant. En effet, DeSève peut alors faire ses propres modifications et proposer une version correspondant à ses propres choix éthiques. Le plus souvent, cela revient à des coupures qui, bien qu'elles puissent aller jusqu'à l'élimination de toute une séquence, se limitent parfois à la disparition de lignes de dialogues. Par exemple, *Le jour se lève* (Marcel Carné) perd aussi bien des phrases comme « Se marier, quelle idée ! […] J'ai toléré votre liaison, j'ai les idées larges… » que la scène où Arletty sort nue de la douche.

La « reconstruction » la plus simple, dans la tradition du Bureau provincial, consiste à retrancher certaines scènes, à abréger certains plans, à éliminer les mots jugés inconvenants. Ainsi, DeSève suggère lui-même de retrancher les plans rapprochés des danseuses dans *Le tigre du Bengale*. Certains films seront ainsi raccourcis de plusieurs minutes, et deviendront plus ou moins compréhensibles ou perdront de leur éclat.

Évidemment, le simple fait de couper des séquences complètes peut parfois en rendre d'autres incompréhensibles. Pour pallier cet inconvénient, il arrive même à DeSève de faire tourner de nouveaux plans pour justifier le dénouement d'une œuvre ; c'est lui-même qui signe cet avis au Bureau de censure au sujet d'*Orage* de Marc Allégret : « Les nouvelles scènes qui ont été tournées spécialement par Mademoiselle Morgan à Paris, pour ce film, ont été ajoutées et le texte de la lettre d'adieu a été fait par M. le Chanoine Harbour. » L'ajout de cette lettre de rupture entre une jeune maîtresse et un mari a l'effet souhaité de les ramener tous deux à la morale la plus stricte. Le film devient ainsi acceptable.

Les autres « reconstructions », dans une application plus directe du terme, sont effectuées de diverses manières. Une première façon consiste à modifier le montage du film. Ainsi, dans *Les gens du voyage* de Jacques Feyder, trois couples non mariés ont une liaison, mais l'un des trois couples se marie à la fin ; la scène du mariage est déplacée et, dans le nouveau montage, les trois couples semblent mariés dès le début ! Pour *Dernière jeunesse* de Jeff Musso, DeSève combine le déplacement de scènes et l'ajout de plans ; André Fortier raconte :

« Raimu y jouait un brave homme vieillissant, ayant fait une fortune confortable, qui sauve de la misère une belle jeune femme, Jacqueline Delubac, et en fait sa maîtresse. Mais celle-ci retrouve un ancien ami gigolo, Pierre Brasseur... À la fin, excédé des mensonges et des infidélités de Jacqueline Delubac, Raimu l'étrangle et se jette dans la Seine. Le film fut présenté au St-Denis en grande primeur en 1941. Salle comble. Tel que montré, le film était assez incompréhensible et méritait bien le qualificatif « reconstruit ». En effet, un plan avait été filmé à Montréal et ajouté : une main d'homme glissait une alliance à l'annulaire d'une main de femme, devant la chasuble d'un prêtre, qui bénissait les deux mains unies tandis qu'une voix prononçait : « Je vous déclare unis par le sacrement du mariage. » Le film continuait, et vers la fin, on vit bien Raimu étrangler Jacqueline Delubac : belle scène, dramatique à souhait, superbement jouée. Mais après, on revoyait Jacqueline Delubac fort bien portante, souriante, Raimu souriant aussi, lui pardonnant, et le film se terminait ainsi, le mieux du monde. De Sève avait pris une séquence de réconciliation du milieu du film pour la mettre à la fin. »

Il arrive même qu'une fin différente soit tournée spécifiquement pour le Québec, à la demande de DeSève, à cause de la réaction anticipée de la censure. Dans *Les amoureux sont seuls au monde* d'Henri Decoin, la femme du héros se suicide à cause de la fugue de son mari avec une jeune maîtresse ; dans la finale pour le Québec, le héros arrive à temps pour empêcher le suicide et le couple retrouve son harmonie. Ironiquement, le public français a apprécié davantage la fin « canadienne ». Le cas de *La belle équipe* est un peu différent : c'est le réalisateur Julien Duvivier qui a tourné deux fins différentes : l'une où Jean Gabin tue Charles Vanel par vengeance ; l'autre où ils se réconcilient et reprennent leur amitié. On devine facilement que DeSève acheta la copie avec la finale optimiste.

Parfois, ce sont les titres mêmes des films que le comité modifie pour en faire une version moins discutable. Ainsi, *La chaleur du sein* se métamorphose en *Les trois mères* ; *L'entraîneuse*, en *La dame de cœur* ; *Les demi-vierges*, en *Jeunes filles modernes* ; etc. Cette pratique va se poursuivre jusque dans les années 1950 et 1960, alors que les distributeurs tenteront de faire accepter des titres plus suggestifs, par exemple *J'ai péché* au lieu de *Sœur Angelica*.

Après la Seconde Guerre mondiale, ce comité de précensure devient moins nécessaire. France-Film laisse dorénavant l'odieux des coupures au bureau gouvernemental qui, dans les années 1950, sous la direction d'Alexis Gagnon, ancien journaliste au *Devoir*, se montre plus sévère que tous ses prédécesseurs. Occasionnellement seulement, une fiche signée Michel de Roussy ou Chanoine Adélard Harbour est proposée aux censeurs officiels.

La diversification des intérêts

Au printemps de 1939, l'occasion se présente pour·DeSève de tenter un essai dans le monde de la production. Ses associés parisiens le mettent en contact avec l'abbé Aloysius Vachet, un cinéaste artisan qui a produit et réalisé depuis une dizaine d'années des documentaires du genre cinéma de patronage. Il a fondé une compagnie, Fiat Film, et construit un studio en banlieue de Paris. Cette année-là, l'abbé produit un film de fiction avec des professionnels (Robert Péguy à la réalisation, les comédiens François Rozet, Georges Rollin, Odette Joyeux, etc.), *Notre-Dame de la Mouise*. « Enfin ! Le premier film canadien et français », titre *Le Courrier du cinéma* (avril 1941). En effet, il s'agirait de la première coproduction entre la France et le Canada. Le magazine en parle comme du « premier film produit en France grâce à de l'argent canadien » et affirme que France-Film a assumé les frais. Nous ne savons quelle portion du budget DeSève a fournie. Le tournage s'effectue à l'été de 1939 et se termine le 1er septembre, mais la Seconde Guerre mondiale en retarde la postproduction, de sorte que le film ne sortira que deux ans plus tard, à Montréal. La guerre empêche la poursuite de cette collaboration, que les deux partenaires entendent reprendre dès la Libération. Ce film édifiant passe à la censure le 1er mars 1941 et reçoit évidemment son aval sans réserve ; sur une feuille à part, le comité de censure de DeSève souligne : « C'est le premier d'une série qui devait marcher au rythme de deux par année, mais que, malheureusement, la guerre a interrompue. » Pour la petite histoire, un des comédiens principaux est François Rozet, qui viendra bientôt s'installer au Québec et y poursuivra une brillante carrière au théâtre en tant que comédien et pédagogue. *Notre-Dame de la Mouise* sort au St-Denis le 5 avril 1941 avec force publicité qui exalte son caractère religieux tout en soulignant ses qualités esthétiques ; il est projeté en programme double avec *La symphonie éternelle*, « qui démontre la folie de tous les " ismes " politiques ».

La guerre causant une pénurie de films français, DeSève reprogramme *Notre-Dame de la Mouise* au St-Denis le 24 mars 1945, en programme double avec *La merveilleuse tragédie de Lourdes* de Henri Fabert, une production déjà mise à l'affiche en 1935. La coproduction franco-canadienne ne sort à Paris qu'en 1945, et elle est démolie par la critique : « La mise en scène ne réussit jamais à rendre exact le milieu dans lequel se

114

déroule l'action. Un film de propagande provichyste. Propagande confessionnelle », selon l'Union française des offices de cinéma éducateur laïque. Cette modeste incursion dans la production n'a guère bénéficié de circonstances favorables et n'a finalement rien donné, mais l'association DeSève-Vachet se ravivera en 1946 et donnera lieu à des projets beaucoup plus sérieux, en terre québécoise cette fois pour la plupart.

Dès le début de 1939, les menaces de guerre se font de plus en plus pressantes, et la profonde implication de la France semble inévitable. Conséquemment, l'industrie du cinéma en souffrira, et il faut prévoir une diminution de la production. DeSève prend ses précautions. Dans *La Presse* du 9 septembre, il annonce qu'après avoir été prévenu par son bureau de Paris, il a pris ses « mesures de guerre bien avant la date », et qu'il dispose d'un stock de films pour au moins deux ans. Quelques semaines plus tard, dans son numéro d'octobre, *Le Courrier du cinéma* se montre optimiste en titrant ainsi son éditorial : « Pas le moindre danger pour le cinéma français ». Selon le magazine, les studios continueront à produire et l'acheminement des films jusqu'à Montréal se déroulera sans embûches. « La population civile a besoin d'oublier les affres de la guerre. S'il importe qu'elle ait du pain… il importe tout autant qu'elle ait des jeux, des distractions. » En août 1940, dans le même magazine, DeSève annonce que la programmation pour ses salles est complète jusqu'à la fin de 1942. « Après ? On verra… » Eh bien, il doit y voir avant la fin de 1942. En décembre 1941, faute de films nouveaux, il doit vendre le Beaubien, où l'on retrouvera désormais des films américains. Il se voit également forcé de fermer le Cinéma de Paris à la fin de ce mois. Dans les autres salles, il doit le plus souvent se contenter de reprises, parfois de versions légèrement différentes de films qu'il a de nouveau présentés au Bureau de censure et que celui-ci a moins écorchés. Le 6 septembre 1941, il présente *Champagne valse* d'Edward Sutherland (1937), un film musical américain, mais « entièrement parlé en français ». Ces films doublés sont toutefois fort rares et difficiles à obtenir, car les compagnies états-uniennes les réservent pour leurs salles. Si l'homme d'affaires ne réussit pas à se positionner dans de nouveaux créneaux, tout son réseau est en péril.

DeSève n'attend pas que survienne la pénurie de films avant de diversifier les activités de France-Film. Déjà, la compagnie présente du mélodrame au Théâtre National depuis 1934 ; le succès de ce genre de théâtre ne se dément pas. C'est à partir de ce moment qu'il se met à répéter à ses employés la célèbre formule, où transparaît sa philosophie essentielle du spectacle : « Faisez-les [sic] pleurer ! » En 1941, une fois de plus, DeSève se pose en rival de Jos Cardinal ; il lui ravit l'Arcade pour y présenter du cinéma, du théâtre dramatique et du vaudeville, dans la tradition de cette salle, construite en 1913, qui a vu défiler tous les grands comédiens et comiques québécois. « Le théâtre Arcade, c'est la belle époque du théâtre, dit Germaine Giroux en 1968 (*Le Petit Journal*, 8 septembre), même si dans ce temps-là on travaillait plus dur qu'aujourd'hui. Toutes les semaines, on présentait une nouvelle pièce et on la jouait 13 fois dans la semaine. On pouvait compter sur le théâtre pour vivre, puisque la politique de M. DeSève était de nous faire signer pour six mois.» Ce dernier détient un abonnement saisonnier et il assiste à presque toutes les pièces, nouant ainsi avec les artistes des liens durables.

À l'occasion, on présente aussi du théâtre au St-Denis. Par exemple, *Le maître de forges*, du 15 au 18 novembre 1941, qui met en vedette l'actrice française Jeannine Crispin. On y présente aussi les Ballets russes en 1944.

Le programme à l'Arcade la semaine du 14 septembre 1941.

Il ne faut pas oublier que l'oncle de J.A. DeSève était violoniste de concert, que la musique était omniprésente à la maison durant son enfance et qu'il demeure un mélomane, même si son souci des affaires et ses longues journées de travail l'éloignent souvent des salles de spectacles. En septembre 1941, il associe France-Film aux Festivals de Montréal (institution fondée en 1939 par Louis-Athanase David, secrétaire de la province, et son épouse Antonia Nantel, qui la dirige jusqu'en 1952) pour une semaine d'opéra avec des artistes du Metropolitan Opera de New York. L'entente est établie avec Wilfrid Pelletier, le plus célèbre des chefs d'orchestre québécois, qui dirige alors la prestigieuse institution new-yorkaise (à l'époque où il était jeune musicien, il gagnait sa vie comme pianiste dans une salle de cinéma de Montréal). *La Presse* du 6 septembre et *Le Petit Journal* du 14 septembre annoncent en grande pompe la liste des opéras et de leurs interprètes. En sept soirées et matinées, du 26 au 30 septembre, le public pourra voir successivement *Aïda*, *La bohème*, *Manon*, *Mignon*, *Faust*, *Madame Butterfly* et *Carmen*. Les années suivantes, France-Film poursuit seule cette présentation annuelle jusqu'en 1945. Ainsi, pendant cinq ans, des wagons entiers apportent au St-Denis les décors du Met. Les spectateurs ravis entendent les grandes voix du moment, comme Lawrence Tibbet et Ezio Pinza, auxquelles se joignent des talents locaux comme Raoul Jobin, Jeanne Desjardins, Paul-Émile Corbeil.

Pour favoriser la venue de troupes et d'artistes de l'étranger, DeSève s'associe en 1943 à l'imprésario Nicolas Koudriavtzeff qui vient de fonder sa société, Canadian Concerts & Artists Inc. Les deux présentent, entre autres, les Vendredis artistiques au St-Denis : des matinées ou des soirées de musique symphonique et de récitals, de spectacles lyriques et de ballet, interprétés par de grands artistes internationaux, comme le violoniste Fritz Kreisler ou le pianiste Witold Malcuzynski, accompagnés par l'Orchestre philharmonique de Montréal et par des musiciens locaux. Il est facile alors d'attirer à Montréal de grands virtuoses européens, plusieurs ayant élu domicile aux États-Unis à cause de la guerre. Ces événements pallient le manque de films nouveaux et aident à faire vivre la salle. Dans cette association

Des artistes du

METROPOLITAN OPERA
au SAINT-DENIS
du 26 au 30 SEPTEMBRE INCLUSIVEMENT

"AIDA"

Vendredi, 26 Sept.   Soirée

Aïda	Rose Hampton
Radames	Martinelli
Amneris	Anna Kaskas
Ramphis	Norman Cordon
Le Roi	Hattfield
Un Messager	Dudley
Amonasro	Leonard Warren
Prêtresse	Jeanne Desjardins

"La BOHEME"

Samedi, 27 Sept.   Soirée

Mimi	Hilda Burke
Rodolphe	William Hain
Marcel	Mack Harrell
Schaunard	Desiré DeFrère
Colline	Léon Rothier
Alcindor	Kent
Musett	Anna Mary Dickey
Benoit	Corbeil
Un Sergent	D.-E. Rochette

"MANON"

Dimanche, 28 Sept.   Soirée

Manon	Marcelle Denya
Des Grieux	Armand Tokatyan
Lescaut	Desiré DeFrère
Brétigny	Arthur Kent
Comte Des Grieux	Leon Rothier
Poussette	Anna Mary Dickey
L'Hôtelier	Corbeil
Guillot	Dudley
Javotte	Dolorès Drolet
Rosette	Rose C. Morin
Servante	May Savage

"MIGNON"

Samedi, 27 Sept.   Matinée

Mignon	Jenny Tourel
Wilhelm	Armand Tokatyan
Laerte	Desiré DeFrère
Philine	Jean Dickenson
Frédéric	Lucile Browning
Jarno	Arthur Kent
Lotario	Léon Rothier
Antonio	P.-E. Corbeil

"FAUST"

Dimanche, 28 Sept.   Matinée

Marguerite	Helen Jepson
Faust	Mario Berrini
Valentin	Leonard Warren
Méphisto	Norman Cordon
Siebel	Lucile Browning
Wagner	Arthur Kent
Dame Marthe	Jeanne Desjardins

"BUTTERFLY"

Lundi, 29 Sept.   Soirée

Butterfly	Hilda Burke
Suzuki	Lucile Browning
Pinkerton	William Hain
Goro	Dudley
Sharpless	Mack Harrel
Yamadori	Arthur Kent
Le Bronze	Paul-Emile Corbeil
Commissaire	D.-E. Rochette
Kate Pinkerton	Marcelle Monette

"CARMEN"

Mardi, 30 Sept.   Soirée

Carmen	Jenny Tourel
Don Jose	Armand Tokatyan
Escamillo	Leonard Warren
Micaëla	Lillian Raymondi
Moralès	Arthur Kent
Remendado	Dudley
Zuniga	Hattfield
Frasquita	Anna Mary Dickey
Mercédès	Lucile Browning

Direction et personnel technique
M. WILFRID PELLETIER et JEAN MOREL, chefs d'orchestre
Orchestre des Festivals de Montréal
M. DESIRE DE FRERE, Directeur de la scène
M. FAUSTO CLEVA, Directeur des choeurs
(40 choristes du Métropolitan)
Mlle MONNA MONTES, M. GRANT MOURADOFF,
Premiers danseurs du Corps de Ballets (seize ballerines du Métropolitan)
Chef électricien et chef machiniste du Métropolitan

Prix:	$1.00	1.50	2.00	2.50	3.00
Taxes:	.33	.49	.65	.82	.98

Vente générale des billets au Théâtre SAINT-DENIS et à la SOCIÉTÉ
des FESTIVALS de MONTRÉAL à l'hôtel Windsor
Informations re: billets, LA. 9243 ou BE. 2238

En septembre 1941, les amateurs d'opéra montréalais sont choyés.

avec Koudriavtzeff, DeSève assume une grande part des frais; le photographe Roméo Gariépy raconte que c'est France-Film qui le payait pour tout le matériel publicitaire qu'il fabriquait pour l'imprésario. Après la guerre, les partenaires produiront toutes sortes de spectacles mettant en vedette des interprètes classiques et des chanteurs populaires.

Lanoraie pour la détente

En 1941, J.A. DeSève a 45 ans. Il est, comme on dit, dans la force de l'âge. Sa santé ne l'a encore jamais trahi. Il n'y pense d'ailleurs jamais, car aucun malaise ne vient l'inciter à prendre soin de son corps. Il pratique sa «religion» du travail. Il ne s'adonne à aucun sport et ne se permet que de rares moments de détente. Par ailleurs, il ne fume pas (ce qui est très rare à l'époque pour les hommes), boit peu d'alcool, se permet un verre de vin assez régulièrement, mais sans jamais dépasser les limites qu'il se fixe; la seule idée de l'ivresse lui répugne, car il tient à toujours rester lucide, et il a vu trop de personnes autour de lui perdre le contrôle de leurs affaires. Il accumule les longues journées de travail, même les fins de semaine le plus souvent, et ne s'en porte pas plus mal. Mais il n'oublie pas que son père est mort jeune d'une crise cardiaque et que ce genre de faiblesse est souvent héréditaire. Son frère aîné François-Xavier, qui a été son témoin à son mariage, décède le 14 mars de cette année 1941, neuf jours avant sa mère.

L'adulte qu'est devenu J.A. n'a jamais oublié les champs et les terrains boisés qui donnaient à la partie ouest de Saint-Henri des allures de campagne ; le souvenir des bateaux aux noms exotiques circulant sur le canal Lachine reste aussi bien présent à sa mémoire. C'est sans doute ce qui le motive, au moment où il a les moyens de s'offrir une résidence digne d'un patron d'entreprise, à se rendre dans une vraie campagne, à 50 kilomètres de Montréal, dans la partie ouest du village de Lanoraie, à deux kilomètres de l'église. Il faut dire que plusieurs membres de la communauté d'affaires de Montréal ont déjà des résidences secondaires dans le coin, dont la famille Denis, propriétaire des liqueurs douces du même nom. Il faut compter une bonne heure de route entre le bureau de France-Film de la rue Craig et la maison de DeSève, mais France-Film fournit à son directeur général une solide auto Chrysler, ou encore une Cadillac avec chauffeur ; le temps passé sur la route est alors mis à profit pour étudier les dossiers en cours. Pendant une dizaine d'années, DeSève fera le trajet aller-retour entre Lanoraie et Montréal presque chaque jour de la semaine, ce qui ne l'empêchera pas d'être au bureau à 7 h presque tous les matins.

En 1941, donc, il achète un immense terrain en bordure du fleuve, coupé en deux par la route 138. La partie sud est assez grande pour qu'il puisse y construire, à plus de 100 mètres de la route, sa résidence et des annexes (court de tennis, garage, remises, et plus tard une piscine). Le terrain surplombe le fleuve d'environ cinq mètres, de sorte qu'il n'a pas à craindre les inondations lors des crues printanières. À cette époque, il n'y a pas encore de numéros civiques au village, et l'adresse est simplement « Lanoraie » ; plus tard, l'adresse de cette résidence sera le 340, Grande Côte Ouest. Il achète aussi, sur le terrain voisin, trois petites « cabines » jusqu'alors louées à des touristes ou à des voyageurs de commerce de passage : elles lui seront utiles pour accueillir des visiteurs quand la maison sera remplie. Au nord de la route, il acquiert aussi deux maisons qui serviront à loger le personnel de la résidence (la cuisinière, la femme de chambre, l'homme à tout faire et sa famille) et son chauffeur. Bientôt, il achète un champ, où vont brouter deux vaches, et une grange pour abriter ces dernières : il tient à avoir toujours du lait bien frais, surtout quand il accueille ses petits-enfants ! Des poules et des lapins vont occasionnellement s'ajouter à la ménagerie.

La résidence du côté du fleuve. Les trois fenêtres de gauche à l'étage ouvraient sur la chambre de J.A.

La maison ne paraît pas très grande de l'extérieur, mais elle compte 23 pièces réparties sur trois niveaux. Le rez-de-chaussée comporte un grand salon avec foyer et une grande salle à manger qui offrent une vue magnifique sur le fleuve; s'y trouve également la cuisine. À l'étage, on trouve quatre chambres, dont la grande chambre du maître, aussi avec foyer, qui donne sur le fleuve. Le châtelain se donne de l'espace pour

L'entrée principale de la résidence de Lanoraie.

accueillir parents, amis et relations d'affaires. Partout, des boiseries créent une atmosphère chaleureuse. À l'extérieur, ses invités peuvent jouer au tennis, sport que J.A. lui-même ne pratique pas, et, plus tard, se prélasser dans une grande piscine. Le propriétaire des lieux, pour sa part, aime bien naviguer sur le petit bateau qu'il se procure d'abord, puis sur le FRANC-BEC, un yacht de 45 pieds avec lequel il peut parcourir de longs trajets, et même venir accoster à Montréal. Il fait construire un solide quai de béton où son bateau est à l'abri tant des crues du fleuve Saint-Laurent que des vagues malignes que causent les grands cargos remontant vers Montréal.

En plus de s'adonner au nautisme, DeSève développe un goût pour le jardinage. Ce sera pour lui un moyen de détente pendant plusieurs années. Il passe des heures à remuer la terre et à y transplanter une grande variété de plantes et de fleurs saisonnières, dont il orne ensuite les principales pièces de la maison pour les faire admirer à ses visiteurs.

Avec ce bateau, J.A. naviguera de Montréal au Saguenay.

S'il connaît des jours très heureux à Lanoraie, sa vie familiale n'est pas exempte de drames. Le 29 décembre 1942, Juliette Champagne, la mère de Marie Thérèse, décède d'un cancer. Elle n'a que 32 ans. Il devra désormais assumer la totale responsabilité de sa petite fille, qui n'est âgée que de 12 ans. Quelques mois plus tard, le 25 avril 1943, Jacqueline, la seconde fille de sa première conjointe, Juliette Chalifoux, succombe à la tuberculose à l'âge de 23 ans, après un long séjour au sanatorium de Sainte-Agathe ; au moment où elle a contracté la maladie, elle venait de se fiancer avec un jeune médecin.

Les relations de DeSève avec son épouse légitime et leurs enfants demeurent difficiles. Il n'y aura pas de réconciliation avec Juliette Chalifoux. Celle-ci décédera le 27 octobre 1968, moins de deux mois après son mari, qu'elle a toujours espéré voir revenir auprès d'elle. Les époux n'ont jamais divorcé. On peut cependant constater qu'il n'y a pas rupture totale avec les enfants, car DeSève servira de témoin au mariage de sa fille Rollande qui, le 28 juin 1941, à l'âge de 23 ans, épouse Roger Chapdelaine, un

Jacqueline et Rollande DeSève vers 1940.

chirurgien-dentiste de six ans son aîné. DeSève s'entend plutôt bien avec son gendre, et il accueille souvent à Lanoraie le jeune couple et sa fille Claude, qui naîtra en 1943. Il se rendra de temps en temps chez Rollande pour déguster un pâté chinois et même faire une petite sieste sur le divan du salon.

Conflit avec Janin et démission
de France-Film

J.A. DeSève n'a jamais été très doué pour le travail en équipe. C'est un fonceur doublé d'un solitaire né, un patron qui sait ce qu'il veut et qui déteste perdre son temps dans les réunions de direction. Quand il doit y assister, il s'y présente toujours avec une connaissance exhaustive des dossiers. Il apporte des

Juliette Chalifoux dans les années 1940.

126

propositions qui lui semblent indiscutables. Comme il est toujours convaincu d'avoir raison – ce qui est le plus souvent le cas –, il fuit les discussions et les remises en question. À la fin des années 1930 et au début des années 1940, il est incontestablement devenu l'âme dirigeante et le responsable des succès de France-Film. Il se conduit comme s'il était le grand patron de la compagnie et il semble oublier qu'il n'en est ni le président (pas encore !) ni l'actionnaire majoritaire. Parfois, il met ses associés devant le fait accompli et il agit comme s'il était le seul maître à bord. Son comportement finit par provoquer une crise majeure au sein de la firme, crise qui se soldera par la démission forcée de DeSève en 1945.

Dans la convention signée avec Alban Janin le 30 septembre 1936, dont nous avons déjà fait état, les deux hommes s'engagent à ne pas se départir de leurs actions respectives sans d'abord se les offrir mutuellement et, en cas de décès de l'un d'entre eux, l'autre a la priorité pour l'obtention des actions. De plus, Janin conserve le droit de vote que lui accordent les actions de DeSève. Or, en mars, puis en décembre 1942, DeSève « hypothèque » une partie de ses actions dans des emprunts bancaires. Puis, il récidive en mars 1945. Cette fois, c'en est trop, et le conflit éclate ouvertement entre les deux hommes. Il faut dire que, depuis le décès d'Arthur Vallée, président de la compagnie, le 21 juin 1943, le directeur général s'arroge de plus en plus de pouvoir. Janin le force à démissionner de France-Film en avril 1945, puis, le 29 décembre suivant, il le poursuit en justice dans le but de récupérer les actions cédées en 1936, sous prétexte que DeSève n'a pas respecté la lettre du contrat et a agi à plusieurs reprises contre les intérêts de France-Film. Le plaidoyer déposé contient de graves accusations. Il faut, bien sûr, faire la part des choses et pondérer certaines affirmations en tenant compte de l'atmosphère de conflit qui régnait alors entre les deux parties, mais ce document s'avère néanmoins riche d'informations sur les activités et la personnalité de DeSève.

On y apprend que le salaire de DeSève est de 15 000 $ par an (en 2008, cela équivaut à environ 190 000 $). Selon l'accusation, il ne fournit pas la somme de travail pour laquelle il est payé, en partie parce qu'il réside à Lanoraie, mais aussi parce qu'il consacre trop de temps à l'organisation de concerts. De plus, depuis 1939, il a négligé l'entretien des salles et des films ; il a mal géré l'achat ou la vente de certaines salles ; il a mis France-Film dans une position de faiblesse face à la concurrence ; il a acheté les droits de films que la censure n'acceptera pas (*Les époux scandaleux*, *Les demi-vierges*, *Barcarolle d'amour*, etc.) ; il a confié à Canadian Concerts, la compagnie de son associé Koudriavtzeff, des contrats de service pour des tâches dont France-Film pouvait très bien s'acquitter elle-même. Il ne s'entend pas avec les autres membres de la direction, il dénigre Janin devant les employés et il a même essayé de provoquer la démission de cadres, comme Michel de Roussy ou Paul Poulin, qui prennent trop d'initiatives. Il se sert des biens de la compagnie à des fins personnelles, et celle-ci lui a versé des milliers de dollars pour des dépenses personnelles (entre autres, pour sa maison de Lanoraie : c'est une habitude dont il ne se départira jamais).

La suivante accusation en dit long : « DeSève présente à quelques reprises, après les représentations régulières, des films refusés par la censure et quelques films pornographiques qui n'appartiennent pas à France-Film, exposant celle-ci aux sanctions des autorités et à la perte de sa réputation. » La légende veut ainsi que la petite salle privée ne serve pas seulement aux visionnements de la production courante. Cela semble s'avérer, mais on peut douter du fait qu'il y ait eu beaucoup de projections de matériel pornographique, lequel reste très rare à l'époque. Mais la réputation de DeSève concernant son intérêt pour les films érotiques et son attirance pour les femmes perdurera jusqu'à sa mort.

Enfin, une dernière accusation importante suggère qu'au moment même où il négociait les droits de distribution du *Père Chopin* de Fedor Ozep, que Renaissance Films inc. venait alors de terminer et qui était promis à un grand succès, il accordait au producteur un contrat très avantageux pour lui aux dépens de France-Film. Le hic, c'est que, au même moment, il fondait à titre personnel Renaissance Films Distribution inc. (RFD), laquelle achetait des actions de l'autre société baptisée Renaissance et en prenait le contrôle. Le nom de la nouvelle firme peut prêter à confusion à cause du terme « distribution », mais, dans l'esprit de son fondateur, qui ne s'embarrasse jamais de problèmes sémantiques, il s'agit avant tout d'une maison de production destinée à prendre la place de l'autre, ce qu'elle effectuera avec brio.

Au début de 1946, Janin tergiverse et laisse traîner les choses. D'un côté, il a des problèmes de santé et, de l'autre, il met beaucoup d'énergie à diriger France-Film, laquelle connaît une relance spectaculaire. Dès le printemps de 1945, Nantel David, gendre de Janin et directeur adjoint de la Compagnie cinématographique canadienne, représentant de France-Film à Paris, a pu négocier des contrats très avantageux avec les studios français et obtenir l'exclusivité de l'ensemble de la production française. À mesure que les films arrivent, le public accourt en masse pour retrouver un produit dont il commençait à s'ennuyer. La venue de plus en plus fréquente, depuis le printemps de 1944, de films américains doublés n'apporte pas vraiment de concurrence, car ces œuvres ne sont le plus souvent disponibles qu'environ deux ans après la sortie du film en version originale, que les adeptes du genre ont déjà vu. Le public se rue dans les salles présentant le cinéma français, retrouvant avec plaisir les Jean Gabin, Arletty, Jean Marais, Simone Signoret, Pierre Brasseur, etc. Janin fait même construire de nouvelles salles pour remplacer celles que la société a perdues durant la guerre. De plus, la diffusion des films du catalogue en format 16 mm, amorcée juste avant la guerre, connaît un essor important; les salles paroissiales et les écoles commencent à se procurer des projecteurs, ce qui génère une source supplémentaire de revenus. Sous la direction de Michel de Roussy, France-Film continue d'être une firme en bonne santé.

Mais la poursuite judiciaire n'est toujours pas réglée. Elle ne le sera jamais, car un règlement hors cour interviendra finalement en décembre 1948. Forcé de démissionner de France-Film en avril 1945, DeSève en sera absent pendant trois ans et demi. Durant tout ce temps, il conserve ses actions dans la compagnie, et nul doute qu'il suit de près les activités de celle-ci. Il s'emploie donc, durant cette période, à élaborer de vastes projets de production.

Chapitre 5
La période Renaissance
et la production indépendante

Le soir de la première du *Père Chopin*, le 19 avril
1945 au St-Denis, les 2 500 invités, dont J.A. DeSève
fait partie, applaudissent chaudement le film ;
tous sont conscients que, bien plus qu'une simple
reconnaissance de sa qualité, son succès pourrait
signifier la viabilité d'une nouvelle industrie du
cinéma en terre québécoise. J.A. DeSève, quant à lui,
n'en doute pas, si bien qu'il est en train d'en imaginer
les composantes et qu'il se prépare déjà à y jouer un
rôle clé. Autour de lui, presque personne, et surtout
pas la direction de France-Film, ne sait qu'il prépare,
à titre personnel, l'incorporation de Renaissance
Films Distribution inc. (RFD), laquelle aura lieu
quelques jours plus tard, le 25 avril, et que, grâce
à cette compagnie, il compte prendre le contrôle
de la compagnie productrice du film en vedette,
Renaissance Films inc., ce qui arrive peu après. La
nouvelle compagnie a pour mission :

« a) de produire, d'exploiter et de distribuer des films cinématographiques en versions anglaise, française et espagnole, et en tous formats, y compris par la télévision;

b) de construire ou d'acquérir des salles de cinéma, tant au Canada qu'aux États-Unis ou en Europe;

c) de construire ou d'acquérir des studios et des laboratoires cinématographiques;

d) de développer, dans tout le Canada, l'exploitation en format réduit (16 mm et 8 mm) et de fournir un choix abondant de films d'une valeur technique et morale indiscutable;

e) d'encourager et de développer, par le cinéma et la télévision, les jeunes talents canadiens aussi bien dans le domaine technique que dans le domaine artistique. »

Dans l'esprit du fondateur, le modèle parfait est créé: France-Film possède un réseau de salles assez imposant pour assurer la présence des nouveaux films partout au Québec et, en tant que distributeur, elle peut planifier leur circulation d'une façon parfaitement cohérente ; l'argent qu'elle retire de l'ensemble de la diffusion du film en français pourra servir à financer une production locale qu'il faudra s'efforcer de rendre exportable. DeSève lui-même se trouvera au cœur de la structure, et il pourra en contrôler tous les éléments.

Le nom de la nouvelle compagnie comporte le terme « distribution ». Puisque DeSève est déjà en froid avec la direction de France-Film, a-t-il l'intention de se poser éventuellement en concurrent de l'entreprise qui, en pratique, détient le monopole de la distribution du film français ? Il contrôlerait ainsi à la fois une compagnie de production et une autre de distribution. Mais on peut douter qu'il cherche à se poser en rival de France-Film ; pour l'avoir examinée de l'intérieur, il en connaît trop bien la puissance, et il sait que cet empire ne pourra s'effondrer, car il est bien administré et soutenu par Alban Janin, un homme d'affaires qui ne manque pas de ressources financières. Il a bien présent en mémoire que la convention de 1936 existe toujours et lui garantit un droit de propriété dès que Janin, dont la rumeur qualifie la santé de chancelante, voudra se départir de ses actions. Il ne vise pas non plus à se lancer dans la distribution ; la preuve en est que sa nouvelle société ne cherche pas à obtenir les droits de diffusion des films que va bientôt produire la compagnie de Paul L'Anglais, Quebec Productions ; elle ne se met pas en chasse de films français non plus. D'ailleurs, dans quel circuit de salles pourrait-elle les présenter ?

La seule chose que DeSève ignore, ce soir de première du *Père Chopin*, mais dont il doit se douter un peu, c'est que Janin lui-même a déjà scellé son sort et que, dans quelques jours, DeSève ne fera plus partie de France-Film. Quand cela se produit, à la fin du mois, il accuse le coup tout en se disant sûrement qu'il ne part que pour mieux revenir. On peut mesurer l'ampleur de cette rupture et de l'animosité entre les deux hommes lorsque l'on constate que le long reportage de Dostaler O'Leary au sujet de France-Film, publié dans *Notre Temps* le 12 avril 1947, ne mentionne même pas le nom de DeSève, tout en rendant à Janin un hommage appuyé, comme si c'était lui qui avait tout fait ; tout au plus l'auteur évoque-t-il brièvement la petite Franco-Canada Films absorbée par France-Film en 1934.

Redevenu entrepreneur indépendant, DeSève n'est pas démuni, car sa nouvelle compagnie, RFD, gère les revenus de la circulation locale du *Père Chopin* et s'active pour en vendre les droits en France. Dans son conseil d'administration, il attire Léo Choquette, propriétaire de plusieurs salles de cinéma en province, s'assurant ainsi une diffusion locale des futures productions, et Charles Philipp, fondateur de la première Renaissance, laquelle cesse ses activités dès 1946. De plus, il continue de s'impliquer dans l'organisation de concerts avec Nicolas Koudriavtzeff.

Le reste de l'année 1945, DeSève élabore ses plans pour mettre en place la production qu'il ambitionne. Puisqu'il faut bien démarrer quelque part, il renoue contact avec l'abbé Aloysius Vachet. Comme on l'a vu au chapitre précédent, les deux hommes se sont connus en 1939, lors du tournage en France de *Notre-Dame de la Mouise*, long métrage de fiction réalisé par Robert Péguy et produit par Fiat Film, la compagnie de Vachet, en partie avec de l'argent fourni par France-Film.

Dès le début de 1946 s'amorce l'aventure de Renaissance Films Distribution inc. (RFD). Elle durera cinq ans, et si elle procurera quelques grandes joies à DeSève, elle lui occasionnera les pires cauchemars qu'il ait connus et elle sera à l'origine d'une réputation douteuse qui le poursuivra le reste de sa vie. Aucune autre entreprise ne lui causera autant de soucis ni ne lui apportera autant de désagréments.

L'aventure commence pourtant sous de bons auspices. La collaboration avec l'abbé Vachet, qui compte parmi les meilleurs artisans de l'industrie, s'avère tout indiquée. Mais qui est donc ce prêtre français producteur de films ? Une brochure que va bientôt publier RFD, intitulée *Catholicisme et cinéma*, qui rassemble six articles publiés dans *Le Devoir* entre le 7 et le 20 février 1946, probablement à l'instigation de DeSève, le présente. Aloysius Vachet est né en 1896 (la même année que DeSève) ; il devient prêtre et, en 1929, il est vicaire dans une banlieue « rouge » (communiste) de Paris. Dans le cadre d'une activité pastorale, il réalise *Nino, scout de France*. Ayant pris goût au cinéma et réalisant sa valeur de propagande, il fonde en 1934 une petite compagnie de production, Fiat Film, avec laquelle il tourne près de 60 films dans les années suivantes, surtout des courts métrages. Il a une grande dévotion pour saint Joseph (qui l'a selon lui protégé durant la guerre), ce qui n'est pas pour déplaire dans une ville où le frère André a poussé ce culte jusqu'à la construction de la plus grande basilique en Amérique, l'oratoire Saint-Joseph. Ce saint ne représente pas tellement le modèle d'homme

J.A. avec l'abbé Aloysius Vachet.

auquel DeSève s'identifie, et cela a dû constituer une source de taquineries entre les deux hommes. Au début de 1946, toutefois, l'harmonie est parfaite. Possédant une expertise dans la production et jouissant surtout de nombre de relations profitables dans le milieu des cinéastes français reconnus comme étant catholiques, Vachet va devenir à la fois la caution morale et le plus fervent propagandiste de l'entreprise.

Quelle vision du cinéma a Vachet? Les articles du *Devoir* en donnent une bonne idée. Que s'apprête-t-il à prêcher dans des dizaines de paroisses du Québec, dans *Le Devoir* et à Radio-Canada? En plus de la brochure déjà mentionnée, une autre, intitulée *Le cinéma maître du monde*, résume sa pensée:

À l'heure où, dans le populeux quartier, se ferme l'église, à cette heure-là et presque dans chaque rue s'allument les feux étincelants et multicolores annonçant l'entrée en scène

DE LA PREMIÈRE PUISSANCE DU MONDE

LE CINÉMA

Mgr LOUTIL.

L'église désertée au profit d'une salle de cinéma.

« Le cinéma est un dictateur dont on ne parle pas assez [...] le Cinéma peut facilement devenir le grand mensonge du siècle. [...] On peut fausser les idées et les sentiments, aussi bien que les réalités matérielles. Instrument magique et redoutable entre certaines mains. Grâce à lui, chaque passion honteuse peut se déguiser en vertu. L'État se déifie. L'argent a tous les droits, l'amour charnel justifie tout. Le mensonge semble un devoir, le vol, une récupération légitime, la vertu, une naïveté impardonnable et ridicule. [...] la grande école populaire ouvre chaque jour ses portes où des centaines de millions d'âmes viennent se nourrir et s'abreuver, sans s'en douter le plus souvent, d'erreurs monstrueuses qui ont le visage de la vérité. On glorifie l'adultère, le divorce, le suicide, la vengeance, la guerre et ses horreurs, la richesse et ses excès : la chasteté devient une tare, la fidélité, une sottise. l'honnêteté. un vice.

Je suis le maître du monde.

Il n'est que trop certain que le cinéma a causé bien des ruines. Mais peut-être mériterait-il une certaine indulgence pour avoir apaisé tant de cœurs angoissés. Malheureusement, l'oubli n'est pas un remède. Comme tous les anesthésiants, il est dangereux et débilite les organismes qui en abusent. À force de fréquenter un cinéma aussi négatif, on finit par perdre quelque chose de sa personnalité. Le cinéma par lui-même développe le dégoût de l'effort, de la lecture, de l'étude. Le contact avec la vie simpliste des héros de l'écran dégage une atmosphère romanesque, une morale trouble et une fausse philosophie de la vie. Le film n'a peut-être pas toute la nocivité morale qu'on a parfois prétendue, mais trop souvent il possède un vice bien plus grave, plus irréparable : il fausse le jugement et donne à l'individu des notions erronées sur les problèmes les plus essentiels de la vie : autorité, famille, vie humaine, propriété, justice, loyauté. Que de fois la notion du devoir se trouve falsifiée. Or, par une pente insensible, le cinéma qui d'abord verse l'oubli, comme un opium captivant et d'apparence innocente, pousse peu à peu vers la désagrégation de toutes les notions les plus certaines de la loi naturelle qui est la base, comme vous savez, de la loi évangélique et de toute civilisation humaine.»

Après un tel verdict, qui ressemble beaucoup à celui que les catholiques du Québec ont répété tout au long des années 1920 et 1930 et qui s'appuie sur des citations des papes Pie XI et Pie XII, d'évêques, de penseurs catholiques comme Daniel-Rops et Berdiaeff, etc., la conclusion s'impose :

« Il faut pénétrer le film tout entier d'un esprit nouveau. Dieu le veut! Le Pape le veut! L'Épiscopat le veut! Les peuples l'attendent.

C'est au Canada – s'il plaît à Dieu – que reviendra l'honneur de prendre la tête de cet important mouvement, car la France en est actuellement incapable, mais elle se retourne vers ses anciens fils et leur demande de la remplacer, ou mieux, de l'aider. [...] Point géographique de jonction entre les États-Unis, l'Angleterre et la France, il est le sol idéal à mentalité chrétienne où peut s'établir la Centrale Cinématographique indépendante qui permettra la création de films de valeur, tant au point de vue technique qu'au point de vue spirituel.

Au contact de films vivifiants et sains, le spectateur se sentira comme régénéré. Non seulement son inquiétude fondra comme neige au soleil éblouissant, mais dans la magie de son rayon lumineux, chacun pourra entrevoir une lueur à lui personnellement destinée.

Il pourra être une grande école populaire, un office de vulgarisation, tant pour les doctrines que pour les sciences et les arts : le film français au Canada n'a-t-il pas contribué au maintien de la langue française et à son progrès?

Nous devons nous servir du Cinéma pour faire connaître à la grande masse les directives de magistère de l'Église ou pour apporter une contribution puissante aux grands mouvements d'opinion qui sont à la base de l'ACTION CATHOLIQUE, [...] former des techniciens catholiques qui, non seulement auraient la préoccupation de faire des bons films, mais qui verraient dans leur métier un véritable apostolat.»

Dans le Québec des années 1940, politiquement dominé par Maurice Duplessis et où le clergé catholique conserve encore une autorité suffisante pour déterminer la morale publique, le discours de Vachet est accueilli avec beaucoup de sympathie. Les évêques n'ont rien prêché d'autre depuis plus de 20 ans, et même ce personnage quasi mythique de l'histoire religieuse du Québec, l'évêque de Montréal, Paul-Émile Léger, qui deviendra bientôt cardinal, répétera ce même sermon tout au long des années 1950.

J.A. DeSève partage-t-il cette conception pour le moins paradoxale du cinéma? À voir le genre de films qu'il distribue depuis plus d'une décennie, on peut en douter; par exemple, il ne craint pas de mettre à l'affiche les films de Marcel Carné, de Jean Renoir ou de René Clair, qui se situent bien loin de la morale catholique. Pourtant, après le voyage de deux mois qu'il entreprend en France en avril 1946, il n'a pas de réticences à annoncer en grande pompe dans les quotidiens, le 13 juin, qu'il entend «installer à Montréal une centrale internationale de cinéma d'inspiration catholique». Ne s'agit-il que de l'opportunisme d'un homme d'affaires, dont le pif lui a inspiré cette orientation qui peut convenir à l'esprit du temps? Sûrement, car c'est déjà une de ses manières d'agir : ne pas se laisser aveugler par ses sentiments et par les opinions des autres. Par ailleurs, bien qu'il transgresse allègrement certains des interdits de la morale catholique dans sa vie personnelle, il conserve une foi en Dieu bien réelle et il voue un grand respect aux autorités religieuses ; il ne conteste pas la religion et sa vision du monde. On l'imagine fort bien écoutant Vachet avec un petit sourire en coin.

Pendant son voyage, il a passé beaucoup de temps avec Vachet et il a élaboré des projets de collaboration étroite entre leurs compagnies respectives. Il a aussi recruté des techniciens français d'expérience qui pourront venir au Québec dès que des productions seront enclenchées et qui seront à même d'enseigner à des Québécois tous les métiers du cinéma.

Les studios projetés, rue Notre-Dame Est, à Montréal. Dans le haut de la photo, le fleuve Saint-Laurent, où l'on aperçoit un quai. J.A. compte sans doute y amarrer son FRANC-BEC de temps en temps.

Déjà, quatre films sont projetés, deux dans chaque pays. Pour assurer une « ligne doctrinale » et une « morale parfaite », deux commissions de contrôle des scénarios sont créées ; parmi les commissaires du Québec, on retrouve, entre autres, l'abbé Albert Tessier, le cinéaste artisan bien connu, le père Émile Legault, directeur de la troupe de théâtre Les Compagnons de Saint-Laurent, Gérard Delage, président de l'Union des artistes, Gratien Gélinas, Murray Ballantyne et Vachet, naturellement. Des contacts sont aussi établis avec la Legion of Decency des États-Unis, car une production en langue anglaise est aussi envisagée.

DeSève n'a jamais été homme à tergiverser. Dès la mi-juillet 1946, il fait l'acquisition d'une caserne militaire située au 4824, rue Côte-des-Neiges, en face du cimetière, qui pourra servir temporairement d'endroit où réaliser les premiers projets. Au même moment, il négocie avec le maire Camilien Houde de Montréal l'achat d'un vaste terrain rue Notre-Dame Est (contrat signé le 4 septembre) et il engage l'architecte Paul H. Lapointe pour concevoir, avec Claude Perrier de Fiat Film, les studios qu'il entend y construire. Tout se déroule très rapidement. Le 10 août, il présente dans *La Presse* le plan général des installations prévues, qu'il désire construire au printemps de 1947. Il s'agit d'un vaste et ambitieux complexe comprenant cinq studios, une centrale sonore, des salles de montage, des ateliers de décors et de costumes, des loges pour les artistes invités, des bureaux administratifs et même une chapelle. Artistes et techniciens pourront y utiliser les appareils les plus modernes que le marché international peut offrir. Comme on parle déjà de l'instauration prochaine de la télévision, il sera facile de convertir le tout pour l'adapter au nouveau média.

Mais ce beau rêve ne se concrétisera jamais.

Pour construire cet ambitieux complexe cinématographique, il faut beaucoup d'argent; il faut donc recruter beaucoup d'actionnaires. DeSève met à profit tout son réseau de connaissances, mais il faut élargir le bassin des intéressés. C'est ici qu'entre en scène l'abbé Vachet. Il vient au Québec à l'automne 1946 (son partenaire l'hébergera à Lanoraie) et il entreprend sa première tournée de prédication dans les paroisses; trois fois, il parcourra une grande partie du Québec, accueilli par des curés enthousiastes. Après avoir célébré la grand-messe du dimanche, avec beaucoup d'éloquence, se rappellent certains auditeurs, il enjoint aux fidèles de participer à l'œuvre du cinéma chrétien bénie par les évêques et par le pape Pie XII. À tous les notables que les curés recommandent parce qu'ils ont quelques économies, il distribue une séduisante brochure de RFD : *Le cinéma maître du monde vous appelle...* Il séduit ainsi des milliers de petits épargnants qui confient leurs quelques centaines ou quelques milliers de dollars d'économies à Renaissance, convaincus de faire une bonne affaire au plan économique tout en participant à de grands projets d'ordre religieux. Combien de millions de dollars sont ainsi recueillis durant ces trois ans? Personne ne le saura jamais,

mais une petite partie seulement sera dépensée pour l'œuvre religieuse à laquelle les fonds étaient destinés. Combien d'investisseurs ne reverront jamais la moindre parcelle de leur pécule et garderont le souvenir d'avoir été abusés dans leurs sentiments religieux? Une circulaire de 1949 pour une nouvelle émission d'actions mentionne que «5 000 Canadiens français catholiques ont fondé Renaissance».

À la fin de 1946 et en 1947, l'argent entre donc dans les coffres de Renaissance, mais il en sort beaucoup: salaires des dirigeants, acquisition de terrains, achat d'équipements, aménagement du studio provisoire sur Côte-des-Neiges, plans des nouveaux studios, conception de projets, voyages en France, investissement dans Fiat Film pour en prendre le contrôle, venue de techniciens français, etc. Les annonces de projets «bientôt mis en chantier» se multiplient, mais rien ne se fait. On parle même de tourner simultanément à Montréal, en plus de films en versions française et anglaise, des adaptations en espagnol et en allemand, le tout étant interprété par de grandes vedettes internationales.

Afin de susciter encore plus d'intérêt, Renaissance lance le 7 juin 1947 un concours de scénarios ouvert à tous les écrivains en herbe. On n'en entend plus parler pendant deux ans, mais, en 1949, le promoteur annonce qu'il a reçu plus de 300 scénarios et que le gagnant du concours est Jean-Marie Poirier, ancien journaliste de *La Presse*, dont le scénario intitulé *Le conquérant* sera tourné l'année suivante et lancé sous le titre *Les lumières de ma ville*. Est-ce un hasard si, en 1950, la compagnie rivale, Quebec Productions, en collaboration avec *Le Petit Journal* et le poste de radio CKVL, lance aussi un concours? Il s'agit cette fois de désigner une « Miss Cinéma 1950 », une starlette qui bénéficierait de plusieurs avantages (une bourse d'études, la possibilité de jouer dans un prochain film de la compagnie) et recevrait de nombreux cadeaux (une peinture par Normand Hudon, un voyage en France, une auto Skoda décapotable, etc.). Paul L'Anglais, le grand patron de Quebec Productions, se démarque ainsi de DeSève qui n'aurait jamais lancé ce genre de concours dont les lauréates auraient dû être choisies par l'abbé Vachet et des militants catholiques... Pour la petite histoire, mentionnons que, parmi les jeunes filles concurrentes, plusieurs feront ensuite carrière comme actrices, dont Gaétane Laniel, Jeannine Mignolet, Monique Lepage, Denise Filiatrault, Jeannine Fluet, Mariette Duval... Par ailleurs, la gagnante, Jacqueline Gilbert, de Montréal, n'aura connu ses minutes de gloire qu'à la une du *Petit Journal* du 19 novembre 1950.

Le 17 juin 1947, en conférence de presse, DeSève annonce que John J. Fitzgibbons, président de la Famous Players, et Arthur Hirsch, président de la Consolidated Theatres, lui ont assuré leur collaboration pour la diffusion des films produits par Renaissance. Les concurrents et ennemis d'hier semblent maintenant être devenus des alliés. Il s'agit, bien sûr, d'un pied de nez lancé à France-Film. Cette éventualité ne deviendra toutefois jamais réalité, car lorsque les films de la firme québécoise seront tournés, DeSève sera revenu à la tête de France-Film. Au cours de la même conférence de presse, il ajoute que les laboratoires de l'Associated Screen News sont prêts à développer toute la pellicule qu'il pourra leur apporter. La structure de l'organisation est

maintenant complète, et DeSève profite de l'occasion pour rassurer les cinéphiles : Renaissance ne tournera pas seulement du cinéma catholique.

À la fin de décembre 1947, DeSève invite la presse à visiter les studios de la Côte-des-Neiges, qui sont presque prêts à accueillir des tournages, et dont l'ouverture officielle devrait avoir lieu en mars. Mais au printemps 1948, rien ne débloque. Beaucoup d'énergie et d'argent sont perdus dans une tentative de collaboration avec deux producteurs de Hollywood, Joseph Than et Leonard Fields, qui viennent à Montréal, visitent les studios, exigent des aménagements nouveaux et planifient la réalisation de cinq films en deux ans. Finalement, rien de tout cela ne se concrétise, car Renaissance ne parvient pas à débloquer les fonds nécessaires. Les deux Américains devront intenter une action judiciaire pour tenter de récupérer l'argent qui leur avait été promis, puis retourneront enfin chez eux, bredouilles.

En juin, DeSève annonce la création de Renaissance Educ., compagnie affiliée à RFD et destinée à la création de cinéma « éducationnel », des films documentaires surtout, et de tout ce que peut englober le terme « éducation », ce qui est bien vaste. L'équipe est composée de Jean-Yves Bigras et Yves Jasmin, deux artisans de l'Office national du film, d'Éloi de Grandmont, écrivain, et de Roger Garand, homme de radio. On retrouvera ces hommes près de DeSève plus tard, mais, en 1948, rien n'est produit par Renaissance Educ., si ce n'est un disque des contes de Perrault, que le groupe parvient de peine et de misère à lancer à temps pour Noël. Encore là, les actes ne suivent pas les discours. Pour les journalistes, c'est devenu source de rigolade que de recevoir une invitation aux conférences de presse de Renaissance, où ils entendront une fois de plus parler de projets qui devraient se réaliser «bientôt». Pourtant, tout ce quasi-immobilisme et ce climat d'indécision ne ressemblent pas à la personnalité du grand patron DeSève. Que se passe-t-il?

La reconquête de France-Film

Si DeSève semble presque absent pendant que Renaissance piétine en cette année 1948, c'est qu'il s'active à la reconquête de France-Film. Il n'a jamais cessé de penser aux actions qu'il y détient, lesquelles ont beaucoup de valeur; la firme, sous la direction de Michel de Roussy, réalise de très bons profits. Depuis 1945, Alban Janin poursuit DeSève en justice pour récupérer ces actions et invalider l'entente de 1936, mais il n'y consacre pas beaucoup de temps, ses entreprises de construction requérant toutes ses énergies. Puis, le 25 avril 1948, Janin décède à l'âge de 68 ans. Tout ce que Montréal compte de personnalités (*La Patrie* nomme plus de 180 personnes, en plus de la famille du défunt) assiste aux funérailles célébrées par Mgr Joseph Charbonneau le 29, mais DeSève n'est pas présent.

Déjà, le 4 mars, sachant Janin malade, dans une démarche qui ne manque pas de cynisme et d'inhumanité, DeSève a fait parvenir par son notaire Lionel Leroux une copie de l'entente de 1936 à France-Film et à la famille Janin. Au lendemain de l'enterrement, il fait savoir aux héritiers qu'il entend acheter les actions de leur père et que, à compter de ce jour, il se considère comme le propriétaire de France-Film. Il entreprend ensuite des démarches juridiques, car les nouveaux propriétaires, les héritiers de Janin, n'acceptent pas d'emblée cette décision intempestive. Les pourparlers se déroulent derrière des portes closes durant tout l'été et tout l'automne, et se concluent finalement par un règlement hors cour dont la déclaration est enregistrée au plumitif de la Cour supérieure le 26 décembre, mais qui a eu lieu le 10, jour où ont abouti de multiples tractations. En effet, ce 10 décembre, le conseil d'administration de France-Film nommait DeSève président et directeur général de la compagnie. Parallèlement, Jacques Janin, au nom de A. Janin & Compagnie ltée (le nouveau nom de la compagnie Alban Construction) vendait

Les principaux dirigeants de France-Film en 1951. Paul Poulin, Lionel Leroux, DeSève, Georges Arpin, Raymond Pezzini.

152

le Théâtre St-Denis (qui n'avait jamais été cédé à France-Film, rappelons-le) à Lionel Leroux, pour «le prix de UN DOLLAR et autres bonnes et valables considérations que la venderesse reconnaît avoir reçus de ce jour de l'acquéreur, DONT QUITTANCE FINALE». Tout juste après, Leroux vendait la salle à France-Film pour le prix d'un million de dollars, la moitié de ce montant étant versée immédiatement, le solde devant l'être le ou avant le 10 mars 1949. Ces transactions étonnent, car le St-Denis vaut plus d'un million de dollars, somme qui a sûrement été versée à la famille Janin comme partie des «autres bonnes et valables considérations» mentionnées dans le cadre du règlement hors cour.

Le samedi 11 décembre, au moment où il inaugure à Québec le Cinéma de Paris, une nouvelle salle «ultramoderne» qu'a fait construire son prédécesseur, DeSève pavoise en compagnie des notables de la capitale. Il a finalement atteint le but qu'il s'était fixé en 1945 : sous sa direction unique sont réunis les trois paliers de l'industrie cinématographique, et il peut désormais contrôler le destin d'un film de sa conception jusqu'à sa rencontre avec le public. À ses invités, il déclare :

«France-Film et Renaissance Films unissant leurs efforts, celle-ci ses studios, celle-là ses facilités actuelles de distribution, ne vont plus cesser de grandir et deviendront conjointement la plus puissante industrie canadienne-française du genre. [...] La puissance de l'une accroîtra la force de l'autre. Et le film français s'établira d'autant plus solidement au Québec et en Canada que ses artistes participeront avec ceux de chez nous à la production d'œuvres cinématographiques qui refléteront l'esprit de notre terroir – un esprit que nous tenons de la France à l'origine, mais qui est devenu nôtre dans son évolution. Nos cousins de là-bas se reconnaîtront dans une large mesure en voyant les pellicules de Renaissance-Films, et ils s'amuseront à constater comment se prolongent les traditions ancestrales à tant de distance. »

Il profite de l'occasion pour annoncer qu'il vient de conclure une entente avec René Germain, président de Quebec Productions Corporation, pour la distribution d'*Un homme et son péché*, sa plus récente production, qui sera évidemment présentée dans le réseau de France-Film, selon une formule encore inédite : cinq salles de cinq villes vont sortir le film le même jour. C'est à ce moment qu'il noue avec Paul L'Anglais, son *alter ego* chez Quebec Productions, des relations d'affaires qui vont se poursuivre tout le reste de sa vie. André Lecompte du *Petit Journal* le qualifie d'« Arthur Rank du cinéma canadien » ; Rank est ce millionnaire dévot qui, en 1937, met sur pied en Grande-Bretagne une industrie intégrée du cinéma – de la production à l'exploitation – dans le but avoué de diffuser le message évangélique ; depuis 1941, il contrôle le réseau de salles canadien Odeon : on comprend qu'il serve alors de modèle pour DeSève. Le journaliste ajoute : « Nul doute qu'avec les moyens dont dispose maintenant DeSève, il peut atteindre au plus haut sommet de l'industrie cinématographique mondiale. Connaissant bien son esprit combatif, sa science des affaires et son indomptable opiniâtreté à mener à bien tout ce qu'il entreprend, nous sommes persuadés que M. DeSève va consacrer l'industrie du cinéma canadien à travers le monde. » Au-delà de son affiliation avec la Fiat Film de Vachet, DeSève espère que les Français distribueront les films qu'il va produire.

Bon joueur, mais surtout homme à savoir reconnaître la compétence et à ne pas s'en priver, il garde à leur poste les cadres de France-Film, dont certains s'étaient opposés à lui en 1945 ; il nomme même Michel de Roussy au poste de directeur général adjoint.

En tant que distributeur, il n'est toutefois plus seul à offrir du produit en français. Des compagnies anglophones (Sovereign, Arthur Rank, General Films) et des succursales des *majors* américains offrent déjà des films doublés provenant d'origines diverses. Puis, des petites compagnies locales entrent dans le marché : Astral, J.A. Lapointe, Rex-Film, Ciné-France Distribution (Jean-Pierre Desmarais lance cette entreprise en frappant un grand coup avec *La fille des marais*, la célèbre histoire de Maria Goretti). France-Film, cependant, conserve son titre de leader de l'industrie. DeSève, qui va régulièrement s'enquérir des réactions du public à la sortie du St-Denis, conserve son flair pour les bonnes affaires. Par exemple, il lui suffit d'entendre quelques commentaires après la première projection d'un film mettant en vedette

Eddie Constantine pour télégraphier au bureau de Paris l'ordre d'acheter toutes les futures productions avec cet acteur dont le succès ne se démentira pas.

Finalement, des films Renaissance!

Après ces célébrations, il faut passer aux actes et surtout activer Renaissance. Une compagnie associée, Productions Renaissance, est fondée, avec pour mission de s'occuper plus directement des tournages, la société mère lui fournissant les studios et les services de gestion, de planification générale, etc. C'est la nouvelle firme qui lance au début du mois de mars le *Programme des productions pour 1949*. Le tournage du *Gros Bill* doit débuter le 19 mars, « en la fête de saint Joseph », sous la direction de René Delacroix (un réalisateur français catholique), sur un scénario de Jean Palardy, un cinéaste qui a fait sa marque à l'ONF. La même année, le tournage de *Docteur Louise*, également réalisé par Delacroix et Paul Vendenberghe, sur un scénario de l'abbé Vachet, aura lieu en France. *Les lumières de ma ville* sera produit en 1950. Ces trois titres résumeront toute la production de Renaissance. DeSève ne manque pas de projets car, annonce-t-il, « deux films missionnaires sont en préparation; le premier sur les RR. PP. Blancs d'Afrique, et l'autre sur les Frères des écoles chrétiennes », c'est pourquoi il lui faut rassembler 600 000 $: « Canadiens français, nous faisons appel à vous, aidez-nous. Souscrivez! »

Le tournage du *Gros Bill* débute finalement le 21 mars, financé en majorité par France-Film, et il se termine le 13 mai, sous la direction de Jean-Yves Bigras. Celui-ci a pris la relève de Delacroix, qui est retourné en France le 29 avril pour diriger *Docteur Louise*. En fait, Bigras, présent dès le début du tournage, en aurait réalisé toutes les scènes importantes, dont celles de la drave, les plus spectaculaires. L'histoire du film est toute simple : un jeune Américain, un géant, fils d'un Canadien français émigré au Texas, revient au Québec pour cultiver la terre familiale reçue en héritage ; il est plutôt bien accueilli, surtout par les jeunes filles, ce qui provoque la jalousie des autres hommes ; finalement, durant la drave, il sauve la vie d'un rival. C'est un film typique de la tradition littéraire du terroir, celle dont les premiers romans de Gabrielle Roy et de Roger Lemelin viennent de marquer le déclin, mais tout à fait « d'inspiration catholique ». La postproduction se fait rapidement, et la première a lieu le 16 septembre au St-Denis. La critique reçoit le film avec sympathie : elle souligne la qualité de l'interprétation (celle de

Le chapelet en famille dans *Le Gros Bill*.

tous les acteurs, à l'exception d'Yves Henri, l'amateur qui interprète le rôle principal), la qualité des images et de la musique de Maurice Blackburn, mais elle relève les faiblesses du scénario. En deux semaines, à Montréal et à Québec, le film rapporte un peu plus de 100 000 $, ce qui équivaut à peu près au coût de sa production ; il fait ensuite sa tournée du Québec, au cours de laquelle il génère certainement des recettes équivalentes à celles engrangées à Montréal et Québec. La production obtient donc un succès appréciable, mais il ne faut pas oublier qu'un film doit générer au moins trois ou quatre fois son coût avant que son producteur n'encaisse des profits. Toutefois, France-Film étant intégrée verticalement, l'argent entre à chaque étape de la diffusion. En France, les efforts pour vendre le film restent vains.

Les énergies sont ensuite consacrées à la réalisation de *Docteur Louise*, à compter du 10 mai. Initialement, le tournage devait avoir lieu à Montréal, mais les engagements de Madeleine Robinson, vedette consacrée du cinéma français sur qui on compte pour imposer le film, ont forcé le déplacement. Quelques comédiens québécois (Suzanne Avon, Henri Poitras, Jean-Louis Roux) se rendent dans la capitale française pour jouer des rôles mineurs. Sur les 200 000 $ prévus, la production ne coûte finalement que 184 000 $, ce qui représente un véritable exploit, d'autant plus qu'il a fallu construire beaucoup de décors, dont celui de la place d'un village français. La distribution du film pose un dilemme important à DeSève à cause de ses deux « chapeaux » de grand patron : avec celui de

Renaissance, il serait peut-être mieux de la confier à Eagle Lion, la compagnie de Rank, qui fournit en films le réseau Odeon, seule apte à placer dans les salles de tout le Canada la version originale et la version doublée en anglais ; avec le « chapeau » de France-Film, qui n'a pas de contacts hors du Québec,

la recette risque d'être diminuée. Finalement, il opte pour France-Film, et le film sort au Cinéma de Paris le 4 février 1950. Il a fait un bon choix, car *Docteur Louise* n'aura de succès qu'au Québec. Si on y apprécie ce drame qui traite de naissances illégitimes, d'unions libres et de divorce, et qui semble avoir été tourné exprès pour la consommation locale, il n'en va pas de même en France : la critique démolit ce mélodrame, rebaptisé *On ne triche pas avec la vie*, pour ses « discours moraux interminables, ennuyeux et pas profonds du tout [...]. La thèse est que la bonne volonté, la prière, la propreté, l'emportent sur toutes les vilenies du monde moderne [...]. Le film a été fait à l'usage du Canada français... » (*L'Écran français*, 27 mars 1950) Le succès international d'un film Fiat-Renaissance n'est pas encore pour aujourd'hui.

Mais Renaissance ne se décourage pas. Le 28 novembre 1949, elle a mis en chantier *Les lumières de ma ville*, production peu coûteuse (environ 120 000 $) aux allures de comédie musicale, que réalise Jean-Yves Bigras avec des vedettes locales : Monique Leyrac, Guy Mauffette, Paul Berval, Huguette Oligny. Le tournage ne se termine que le 18 février à cause de la complexité de certaines scènes de cabaret, et parce que le manque de liquidités retarde une partie des travaux. Pourtant, le 13 janvier 1950, avant de détruire le décor du cabaret, on y tient, avec l'élite artistique et politique (dont le maire Camilien Houde) de Montréal, une soirée qui coûte très cher. Les dirigeants de Quebec Productions, qui sont moins des concurrents que des amis, participent aussi à la fête, soulignant ainsi la santé apparente du cinéma québécois. En fait, chez cette autre firme québécoise, les affaires vont plutôt bien : avec *La forteresse* (*Whispering City*), tourné en deux versions différentes, le succès n'a pas été à la hauteur des espérances, mais *Un homme et son péché*, *Le curé de village* et *Séraphin* ont bien rapporté. Pour *Les lumières de ma ville*, les choses se gâtent au moment de la postproduction : l'argent manque pour le montage, et les dirigeants des compagnies ne s'entendent pas. Productions Renaissance entre en conflit avec Renaissance Films Distribution ; elle change son nom pour Excelsior Film, déménage à Québec et cesse ses activités en août. Les choses finissent par se tasser, et le film peut être complété. Il est évidemment distribué par France-Film. Sa première a lieu le 7 octobre, au St-Denis. Une des affiches publicitaires renferme des éléments plus qu'originaux :

« Le film *Les lumières de ma ville* est le fruit du travail d'une équipe de jeunes Canadiens français qui entendent prouver que nous pouvons briller et réussir au cinéma comme en d'autres domaines. Ces jeunes méritent votre encouragement total. De votre encouragement dépend l'avenir immédiat de ces talentueux Canadiens français.

Ou ils continuent dans ce domaine ou ils abandonnent. C'est à vous de donner la réponse.

Voir ce film, en parler, le recommander à vos amis est votre devoir. C'est tout ce qu'ils vous demandent, vous n'avez pas le droit de leur refuser votre appui.

Les lumières de ma ville a été conçu et réalisé par des jeunes qui n'ont pas failli à la tâche. Au public maintenant d'accomplir la sienne.»

En plus des photos des huit comédiens principaux et du slogan «Tous les chants de l'amour cachent un drame du cœur», l'indication «Prix spéciaux, 60 ¢, 80 ¢» apparaît sur l'affiche. En effet, pour ce film comme pour toutes les autres productions locales, le St-Denis demande un prix d'entrée spécial, «un supplément de quelques cents (pas même le prix d'un paquet de cigarettes)», dit le présentateur lors de la première. Le prix moyen d'entrée dans les salles du Québec est alors de 40 ¢ dans les salles ordinaires, de 50 ¢ lorsqu'il s'agit d'exclusivités: l'augmentation est considérable. Au moment d'instaurer ce système, lors du lancement d'*Un homme et son péché*, un journaliste de *L'Autorité* (29 janvier 1949) le justifie ainsi:

«Le public désire une industrie canadienne du cinéma. On réclame des films de chez nous et pour nous, interprétés par les nôtres et qui soient en accord avec notre mentalité, nos sentiments, nos mœurs, notre langue. Réclamations légitimes, évidemment. Seulement, pour créer une industrie canadienne du cinéma, il faut de l'argent, beaucoup d'argent. Des hommes d'affaires canadiens-français y sont allés de leurs capitaux pour jeter les bases. Ils ont produit des films. Aujourd'hui, ils demandent au public un petit sacrifice d'argent. Et l'on refuserait! D'aider! Pour sûr que non. Que les spectateurs fassent leur part.

Les producteurs feront la leur et le cinéma canadien-français continuera sa marche en avant. »

Paul L'Anglais ajoute un peu plus tard, en soulignant que les productions ne doivent pas coûter plus de 90 000 $ et doivent rapporter au moins 100 000 $ seulement dans la province : « La seule chose sûre jusqu'à présent, c'est le support de notre province, à condition que notre public continue à payer des prix majorés. Sans la majoration des prix, nous ne pouvons pas tenir le coup, tant que nous n'aurons pas à force de persistance établi un marché mondial stable. C'est une question de temps, seulement il faut avoir la foi. »

Cet argument, qui constitue en fait un chantage faisant appel au nationalisme et à la fierté identitaire, est délicat à manier et ne peut être employé que durant un certain temps (on le ressortira cependant deux décennies plus tard…) Jusqu'où les spectateurs du cinéma sont-ils prêts à « faire leur part » et à « encourager » les jeunes créateurs ? Jusqu'à un certain point seulement, car lorsque la critique est mauvaise, comme il arrive pour *Les lumières de ma ville*, ils délaissent les salles de France-Film et retournent volontiers aux spectacles hollywoodiens. C'est ainsi que le film de Bigras sera la dernière production de Renaissance, laquelle va bientôt être mise en faillite et disparaître après seulement trois films, si on excepte *Le père Chopin*, et moult projets avortés.

Que se passe-t-il encore en 1948 et 1949 pour que Renaissance Films Distribution, le «bébé» le plus choyé de DeSève après France-Film, connaisse une fin pitoyable et devienne le souvenir qui entache le plus la réputation de DeSève? L'entreprise semble bien sur les rails à la fin de 1948, mais elle cache des vices de fonctionnement qui ne peuvent que la mener à sa perte. D'abord, l'aménagement des studios coûte beaucoup plus cher que prévu; on ne regarde pas à la dépense et, souvent, les administrateurs remettent à plus tard le paiement des fournisseurs, ce qui entraîne souvent des saisies et des poursuites judiciaires. Beaucoup de temps et d'énergie sont consacrés à l'élaboration de projets trop ambitieux. Des emprunts sont faits, par exemple à la Société des Artisans, pour payer les salaires et les factures en souffrance, dont le remboursement est conditionnel aux revenus escomptés des films en salle. L'entreprise manque de leadership et multiplie les lieux de décision en fondant de nouvelles compagnies qui s'achètent et se vendent entre elles divers services et biens, de sorte que de longs retards s'accumulent et que personne ne semble responsable de rien. En plus des productions Renaissance, le studio est aussi loué pour quelques autres productions, *Forbidden Journey* (Richard Jarvis et Charles Maiden) et *The Butler's Night Off* (Roger Racine), mais cela ne permet de payer qu'une petite partie des dépenses courantes.

Quelle part de responsabilité a DeSève dans ce gâchis? La plus grande. S'il a laissé la présidence de Renaissance Films Distribution à Paul Pratt au début de 1949 et si ses associés les plus proches, Sam Gagné, Georges Arpin et Lionel Leroux, se retrouvent dans les conseils d'administration de toutes les compagnies, il dirige tout en sous-main, et il lui arrive même de prendre des décisions sans consulter personne. Son habitude de multiplier les compagnies – dans le but d'éviter que la déconfiture de l'une nuise aux autres – les rend toutes vulnérables. Il s'efforce de se tenir au courant de tout ce qui se décide, mais il ne peut surveiller de près tout ce qu'elles entreprennent. Les dérapages surviennent progressivement et peu de gens s'en aperçoivent, d'autant plus que DeSève se retrouve dans les médias pour promouvoir d'autres projets qui ont du succès, et que les investisseurs, parce que tout est encore une fois centré sur DeSève, en qui ils ont une grande confiance, ont toutes les raisons de penser que leurs affaires vont bien et qu'ils verront bientôt les profits s'accumuler.

Il faudra attendre le 22 août 1951 pour que la faillite soit officiellement prononcée. Tout le monde y perd. DeSève, bien sûr, ainsi que ses proches associés, mais ceux-là ont bien d'autres œufs dans leur panier et ils n'en souffrent pas. Les gros créanciers, comme la Société des Artisans, ne récupèrent qu'une partie de leurs investissements. Peu après, les milliers de petits actionnaires qui ont investi leurs économies depuis 1946 apprennent qu'ils ont tout perdu. La désillusion est douloureuse ; c'est à la dure que des petits commerçants, des professionnels, des fermiers, même certains curés, apprennent que l'industrie du cinéma n'offre pas les mêmes garanties que les entreprises qui sont cotées à la Bourse. Toute cette affaire peut être qualifiée, selon la jolie formule de Pierre Véronneau, de « panier de crabes où le signe de croix et le signe de piastre se mariaient mal ».

Les investisseurs en voudront longtemps à DeSève et à Vachet. Surtout à ce dernier, pour plusieurs. Ils associent l'abbé à ce qui leur semble une escroquerie parce que c'est lui, avec ses beaux sermons, qui les a amenés dans cette galère. Le pauvre homme n'a pourtant rien à se reprocher. Il a encore plus perdu que tous les autres : sa compagnie Fiat Film, dont il avait vendu une participation majoritaire à Renaissance pour ensuite mettre tout cet argent dans la production de *Notre-Dame de la Mouise* et dans quelques autres projets pieux de moindre envergure, est emportée dans la débâcle. Il est pratiquement ruiné quand il retourne définitivement en France en 1951 ; il n'abandonne toutefois pas son idéal de faire du cinéma chrétien et il réalise encore quelques films ; il écrit aussi quelques romans, dont *Le mystère de Lourdes*, en 1958, dans lequel les magouilles d'un homme d'affaires peuvent symboliquement représenter ses mésaventures canadiennes. Il décède cette même année, à 62 ans, officiellement de « mort naturelle » ; une rumeur court qu'il se serait suicidé.

Officiellement, DeSève a laissé France-Film en dehors de ses entreprises de production ; compagnie des plus rentables, elle demeure sa source principale de revenus et de stabilité financière. Œuvrant majoritairement dans la distribution et l'exploitation, la firme profite du succès du cinéma français et même des cinémas italien et espagnol, qu'elle présente en version doublée. Elle peut même profiter des succès que son rival Paul L'Anglais produit en les diffusant dans ses salles (*Un homme et son péché*, *Le curé de village*, etc.). Elle offre une cure de rajeunissement au St-Denis, dont on dit, lors de sa réouverture le 26 août 1950, qu'il est le « plus somptueux » et le « plus moderne » en ville.

DeSève participe

à des productions indépendantes

Si DeSève ne surveille que du coin de l'œil les mésaventures de Renaissance et s'en détache d'une certaine façon, son idée d'investir dans la production est plus vivante que jamais. À l'été de 1951, il n'hésite pas à engager France-Film à débourser 25 000 $, sur le budget prévu de 100 000 $, pour le film *Étienne Brûlé, gibier de potence* que produit la firme ontarienne Carillon Picture et que va réaliser Melburn Turner. Un scénario plein de rebondissements raconte les aventures particulières d'un historique coureur des bois canadien, un personnage controversé aux mœurs dissolues. Paul Dupuis, acteur-vedette, joue le rôle-titre, et une partie des Compagnons de Saint-Laurent sont de la distribution. Le pari semble raisonnable, d'autant plus que France-Film s'assure les droits pour le Québec et la diffusion dans son propre réseau. La publicité promet « un fougueux roman d'amour, une dramatique page de notre histoire et la lutte des Blancs et des Indiens », une histoire en riches couleurs. Mais le produit n'est pas à la hauteur des attentes et il disparaît rapidement de l'affiche. DeSève a sans doute perdu une partie de son investissement.

Au même moment, il mise encore davantage sur une autre histoire, tout à fait dans la tradition de son slogan bien connu, « Faisez-les [sic] pleurer ». Cette fois, son pif lui apportera le pactole. Comme tout le monde, il a sûrement vu la pièce *Aurore l'enfant martyre*, écrite et créée en 1921 par les comédiens montréalais Léon Petitjean et Henri Rollin, et qui a déjà été jouée plus de 4 000 fois dans tout le Québec (aucune pièce n'a encore été jouée autant de fois). Il en saisit tout le potentiel cinématographique et, à la fin de mars 1951, il en achète personnellement les droits à Mᵐᵉ Henri Dairoux, la détentrice. Peu après, il acquiert ceux d'un scénario qu'Émile Asselin

Lucie Mitchel et Yvonne Laflamme dans *La petite Aurore, l'enfant martyre*.

vient d'écrire sur le sujet. Quelques jours plus tard, le 7 avril, il fonde une nouvelle compagnie, l'Alliance cinématographique canadienne, à laquelle il vend, «pour un fort montant» selon Pierre Véronneau, les droits qu'il vient d'acquérir. Et ce n'est pas tout: le 21 avril, il achète, au nom de France-Film, les droits de distribution du film à venir. En 1952, pour la sortie de *La petite Aurore, l'enfant martyre*, que Jean-Yves Bigras a réalisé, l'Alliance se fait éditeur pour publier une version romancée du texte d'Asselin, qui se vend à plus de 20 000 exemplaires. C'est dans ce genre de combines dont DeSève ne peut que retirer quelque chose, même si l'aventure tourne mal, qu'on peut admirer tout son génie en affaires. Cette fois, les choses sont loin de mal aller, bien au contraire. Le tournage se déroule durant l'été, pour à peine 59 000 $, et la première est prévue pour le 10 novembre. Elle est toutefois retardée de cinq mois parce que Télesphore Gagnon, le père de la vraie petite Aurore dont l'histoire a fait l'objet d'un fait divers en 1920, et sa famille s'adressent à la cour pour faire interdire la diffusion du film sous le prétexte qu'il ruinerait leur réputation. Ils sont finalement déboutés en mars.

La première de *La petite Aurore, l'enfant martyre* a lieu le 25 avril 1952, au St-Denis comme il se doit, en programme double avec *Vedettes et chansons* mettant en scène le chanteur populaire André Claveau. L'annonce publiée dans les journaux indique que le drame est «extraordinaire de réalisme» et qu'il a été «le seul film canadien-français à obtenir une mention aux Canadian Films Award» (ce qui deviendra plus tard les prix Genie pour le Canada, et les prix Jutra pour le Québec) ; l'annonce mentionne également qu'entre 10 h et midi, le prix d'entrée est de 50 ¢, sans indiquer combien il en coûte après midi, ce qui signifie qu'encore une fois il faut payer en général plus cher pour voir une production locale. Le succès est immédiat : après deux semaines, la publicité indique que « 108 182 personnes à Montréal seulement ont applaudi… » et prévient le public qu'il leur faut voir *Aurore…* au cours de la troisième et dernière semaine, car il ne sera plus projeté à Montréal par la suite. Pourquoi ne pas prolonger les représentations, comme on l'a souvent fait ? C'est que, la semaine suivante, le St-Denis est réservé pour un récital de Charles Trenet. *Aurore…* fait un tabac partout ; les quatre copies en circulation remportent un égal succès dans toutes les salles. En moins d'un mois, le film rapporte plus que son coût de production, c'est un mégasuccès. Dès le 17 juillet, cinq copies en 16 mm sont mises en circulation pour rejoindre le réseau des salles paroissiales et des villages. Pendant plus de 20 ans, le film sera régulièrement remis à l'affiche en salles ; on raconte qu'il a même connu un certain succès au Japon.

Pendant qu'il engrange les dollars que rapporte *Aurore…*, DeSève investit dans un autre projet prometteur, une adaptation d'une autre pièce de théâtre, cette fois de Gratien Gélinas, qui a peu à voir avec le mélodrame. Dès les années 1940, Gélinas est une immense vedette dans les cabarets avec son personnage de Fridolin, petit homme aux allures adolescentes, gavroche, naïf comme un enfant, mais ratoureux comme un adulte, le fou du roi par excellence qui peut se permettre de tout dire et de se moquer de toutes les figures d'autorité. Au cinéma, il s'est déjà permis de parodier une pièce célèbre avec le film intitulé *La dame aux camélias, la vraie*, un court métrage dont le caractère iconoclaste a tout pour plaire à DeSève. Les deux hommes ont plusieurs traits en commun : ils ont perdu leur père très jeunes (pour Gélinas, c'était la séparation des parents) et ont dû commencer à travailler à l'adolescence ; tous deux se sont retrouvés dans une banque et des bureaux et ont touché à la comptabilité ; tous deux avaient un grand amour pour leur mère devant vivre seule. Le comédien n'a cependant pas le sens des affaires de DeSève, ni sa passion pour le jeu financier.

C'est Paul L'Anglais qui va mettre en contact les deux hommes. L'Anglais fréquente Gélinas depuis 1947, et il élabore avec lui des projets cinématographiques. Le plus important est le développement d'un sketch intitulé *Le retour du conscrit* que Gélinas a écrit et joué en salle. L'auteur et comédien, qui n'a aucune expérience dans la rédaction de scénarios, développe bien son sujet, mais dans une perspective théâtrale, donnant ainsi naissance à la pièce *Tit-Coq*, jouée pour la première fois le 22 mai 1948 au Théâtre du Nouveau Monde à Montréal et dont le succès est immédiat et durable. Le 21 mai 1951, L'Anglais quitte la Quebec Productions pour se consacrer à la radio et à la télévision, mais il n'oublie pas le projet de 1947 et, en 1952, il le relance avec Gélinas. Ce dernier

171

rencontre DeSève en août et il obtient de France-Film une avance de 25 000 $ sur les profits, plus un financement jusqu'à 45 000 $ d'Alliance cinématographique canadienne ; ces deux compagnies seront remboursées en totalité avant que Gélinas ne reçoive sa part des profits. Le tournage, sous la direction de René Delacroix, a lieu du 13 octobre au 14 novembre, et *Tit-Coq* connaît une grande première le 20 février 1953. Dès le lendemain, le film sort dans cinq salles. La critique l'acclame unanimement et salue la finesse de l'adaptation cinématographique de la pièce. En trois mois, 300 000 spectateurs l'auraient vue. Une fois de plus, DeSève a su flairer la bonne affaire. De plus, comme la télévision est en train de s'implanter – elle a été inaugurée le 6 septembre 1952 – et que les gens commencent à se dire qu'ils peuvent peut-être attendre pour voir le film sur le petit écran, il s'est assuré des droits pour six ans.

Denise Pelletier, x, Gratien Gélinas et J.A., lors de la première de *Tit-Coq*.

Au moment où *Tit-Coq* triomphe, Rosanna Seaborn, riche héritière d'un des fondateurs de la Banque de Montréal et qui a tâté du théâtre en Angleterre et à Montréal, fonde Frontier Films pour tourner des films dans lesquels elle jouerait. On lui conseille *Cœur de maman*, d'après la pièce de Henri Deyglun, déjà jouée maintes fois à l'Arcade qui, rappelons-le, appartient à France-Film. Il n'est donc pas étonnant d'apprendre que DeSève va distribuer et exploiter le mélodrame, dont la publicité joue sur les cordes sensibles du grand public :

« CŒUR DE MAMAN, un véritable monument érigé à la gloire de toutes les mamans. La maman n'est-elle pas le prototype de l'héroïne et des vertus humaines ? Qui pourra jamais outrepasser les frontières de l'amour maternel ? Qui a toujours pris notre défense pour excuser nos folies de jeunesse ? N'est-ce pas notre maman ? Malheureusement, trop souvent, on les oublie, on les néglige, on les renie. On leur fait l'aumône d'un baiser alors que leurs lèvres sont plus riches que tous les trésors ; ces lèvres qui bénissent, encouragent, pardonnent nos faiblesses sans nombre ! Le film CŒUR DE MAMAN nous raconte l'histoire d'une de ces mamans en butte aux difficultés que lui suscite un mauvais fils, elle sera consolée par un autre enfant au cœur bien né.

Le film s'adresse à toutes les classes de la société. En effet, petits ou grands, pauvres ou riches, tous ont une maman. Mais quel est l'homme qui peut se glorifier de connaître à fond le cœur d'une mère avec tout ce qu'il contient d'amour, de renoncement, de miséricorde?»

Cœur de maman prend l'affiche le 25 septembre 1953, encore une fois dans cinq salles de cinq villes différentes. Il n'a coûté que 70 000 $ et il devient à son tour un succès populaire, quoique moindre que les deux films précédents, *La petite Aurore, l'enfant martyre* et *Tit-Coq*. À l'entrée des salles, les premiers temps, des mouchoirs en papier (Kleenex) sont mis à la disposition des spectatrices sensibles… Mais la plus grande partie de la critique se gausse de ce mélo aux ficelles trop évidentes.

Dans *L'Autorité* (3 octobre 1953), Wilfrid Lemoine se montre très sévère :

A L'AFFICHE
St-DENIS

FRANCE-FILM présente
UNE PRODUCTION FRONTIÈRE

Les mamans!
Ça pardonne
toujours
…c'est venu
au monde
pour ça.

JEANNE
DEMONS
dans
"COEUR de MAMAN"

scénario de HENRY DEYGLUN

avec
DENYSE SAINT-PIERRE
JEAN-PAUL DUGAS
JEAN-PAUL KINGSLEY
PAUL DESMARTEAUX
HENRI NORBERT
PAUL GUEVREMONT
YVONNE LAFLAME

et ROSANNA
SEABORN

«N'est-il pas regrettable de constater encore une fois qu'avec nos bons comédiens on ne fait jamais autre chose que des idioties cinématographiques (j'exclus TIT-COQ).

Quand ferons-nous du cinéma honnête, que l'on pourra montrer ailleurs que dans le fond des salles paroissiales? On blâme le dieu argent, les gens qui collaborent à nos films

174

regrettent de servir des scénarios pour enfant de dix ans (et encore), mais l'on nous demande quand même d'aider le cinéma canadien, de l'encourager et de dire que c'est bien quand c'est dégoûtant. Seul Gélinas n'a pas ri de son public... Ah oui, sortons nos mouchoirs et pleurons encore une fois sur notre cinéma.»

Puis, Lemoine met en cause le président de France-Film et son peu d'intérêt pour le cinéma:

« DeSève et les piastres. Il consulte souvent ses colonnes de chiffres et il n'aime pas l'encre rouge.

— Moi, c'est le "business" qui m'intéresse. Si je ne faisais pas d'argent, je roulerais les tapis et je fermerais mes portes. Vous voulez des bons films, messieurs les "intellectuels"? Vous oubliez que ça se paie, les films, et que c'est moi qui paie quand ça ne colle pas. Quand la foule voudra ce que vous appelez des bons films, j'en achèterai plus et vous serez contents.

Il cite des chiffres officiels. Une perte de quelque mille dollars pour chaque film louangé par la critique. De gros bénéfices pour chaque film idiot (cf. la critique).

— Savez-vous quelle pellicule a rapporté le plus d'argent cette année? CŒUR DE MÈRE [sic]. Je ne suis pas contre l'éducation du public, mais ce n'est pas mon affaire. Occupez-vous-en, messieurs les artistes, et je vous en promets, du grand cinéma.

Autour du financier, on se demande si la toute-puissance de l'argent ne pourrait pas servir un peu moins la bêtise.»

Une telle référence montre bien, une fois de plus, que ce n'est pas seulement le cinéma en tant qu'art, ou simplement en tant que divertissement, qui intéresse DeSève, mais le cinéma en tant qu'occasion d'affaires. Elle démontre aussi que jouer sur la fibre nationaliste n'a plus le même effet, d'autant plus que la télévision commence à gruger sérieusement le public du grand écran.

Cœur de maman n'est pas une mauvaise affaire, mais Mme Seaborn, qui n'a d'ailleurs pas besoin de ce genre de revenus pour payer son pied-à-terre au Ritz Carlton, n'a pas attendu d'en connaître les retombées et a produit *L'esprit du mal* en septembre et octobre 1953. Elle joue évidemment un rôle important dans cette autre adaptation d'une pièce de Henry Deyglun que réalise Jean-Yves Bigras. France-Film en est, comme il faut s'y attendre, le distributeur, et la première du film a lieu au St-Denis le 26 février 1954. Cette fois, c'est le four total. DeSève l'a tellement pressenti qu'il ne s'est pas présenté à la réception suivant la première. Le film ne reste à l'affiche qu'une semaine et connaît une courte carrière en région. Chez les critiques, seul Léon Franque de *La Presse* lui accorde une bonne note. Mais on sait qu'il est aussi payé à titre de rédacteur promotionnel pour France-Film. André Roche, d'*Allo Police*, s'en prend à la productrice et actrice en termes crus: «Je ne sais pas si Mme Seaborn osera encore faire du cinéma. Si elle persévère, il faudra croire que son cas relève de la manie et parler de Mme Seaborn non pas dans une chronique des spectacles, mais dans un journal de psychiatre... » Il faut croire que cette dernière a compris le message, car elle ne persiste pas et disparaît des écrans ; elle devient par la suite collectionneuse de documents anciens, notamment tout ce qui concerne la période des Patriotes et la vie de Louis-Joseph Papineau.

Avec *L'esprit du mal* se termine la première grande période de production du cinéma canadien-français. Dans les diverses compagnies, on a tourné une quinzaine de films dont certains reflètent si bien une partie de l'imaginaire québécois qu'ils seront repris 50 ans plus tard et obtiendront encore de grands succès financiers (*Un homme et son péché*, *Aurore*). DeSève a été mêlé à la presque totalité de cette production qui, si elle n'a pas bien fonctionné avec les films Renaissance, a fourni à France-Film sa meilleure source de revenus. Et ce n'est pas fini, car les films de cette période rapporteront encore longtemps grâce à leur diffusion parallèle et à leurs multiples passages à la télévision.

Une résidence à Outremont

En 1951, pour loger son président, France-Film achète une luxueuse résidence sise au 597, chemin de la Côte-Sainte-Catherine, à Outremont, la ville sur le mont Royal où se retrouvent les élites politiques, le

La luxueuse résidence, au 597, chemin de la Côte-Sainte-Catherine.

gratin financier et les industriels canadiens-français. La maison appartenait à Beaudry Leman, le président de la Banque canadienne nationale, qui l'avait fait construire en 1918, et qui vient de décéder. Elle est admirablement bien située et le quartier est très paisible. Les amis et associés de DeSève, les notaires Lionel Leroux et Marcel Faribault, demeurent tout près. Avantage non négligeable, il ne faut pas plus de 15 minutes pour se rendre de la maison aux bureaux de France-Film, situés au 637 Ouest, rue Craig.

DeSève conserve Lanoraie comme adresse principale, mais il occupe cette résidence durant la semaine, et c'est là qu'il organisera de grandes réceptions et recevra avec décorum les artistes étrangers venus se produire dans ses salles. Une grande partie du mobilier est de fabrication canadienne. Des œuvres de plusieurs jeunes peintres québécois ornent les murs. Ses réceptions avec le gratin local et les vedettes françaises de passage, Tino

Rossi, Luis Mariano, etc., vont demeurer célèbres. De jeunes comédiens québécois en profitent pour faire des rencontres chaleureuses avec les Louis Jouvet, Gérard Philippe, Arletty, etc. Invités à ces réunions mondaines, les associés et les cadres des compagnies de l'hôte en conservent des souvenirs impérissables; nulle part ailleurs n'auraient-ils eu la chance de côtoyer ces célébrités dans une atmosphère détendue et quelque peu bon enfant où tout le monde se sent à l'aise. Le champagne et les vins fins y coulent à flots, même si le maître de maison boit peu. Le caviar y est offert à pleines assiettes. Quelques journalistes et photographes bien choisis (surtout Léon Franque) vont transformer ces événements en occasions publicitaires et abreuver les magazines à potins de jolies photos. Mais DeSève y accueille aussi, pour la fête de Noël entre autres, sa famille, ses frères et sœurs et leurs enfants, les cadres de ses compagnies, des vedettes locales. Comment se comporte-t-il durant ces rassemblements? Plusieurs personnes qui ont participé à ces réunions mondaines s'accordent à dire qu'il y agit en toute simplicité, avec bonhomie et cordialité, sans prétention, manifestant son plaisir d'accueillir ses invités. Sans jamais enlever son veston, toutefois! On y tient souvent de petits concours et, pour le gagnant, DeSève sort des billets de banque de la petite poche de son gilet.

Cette résidence sert aussi pour le travail. Parce qu'il a de bons contacts avec certains cadres de Radio-Canada – Jean-Paul Lepailleur du Service du film a déjà travaillé pour lui –, DeSève décroche des contrats pour l'approvisionnement en longs métrages de la société d'État, et ce, dès sa mise en ondes le 6 septembre 1952. Au moment où l'assistance baisse dans toutes les salles à cause de la télévision, c'est cette même télévision qui va contribuer à maintenir les bonnes affaires pour France-Film. Quand on lit, un exemplaire après l'autre, *La Semaine à Radio-Canada*, la petite revue distribuée gratuitement dans laquelle on retrouve la programmation hebdomadaire, tant à la télévision qu'à la radio, on remarque immédiatement qu'avant 1959, presque tout le cinéma présenté n'est que français – les films américains sont rarissimes – et il n'est pas difficile de vérifier que la grande majorité des films est distribuée par France-Film. Un détail retient l'attention : presque chaque jour de la semaine, on présente en début de soirée une tranche de film de 15 minutes, sous le simple titre de « Film », puis sous celui de « Ciné-Feuilleton ». Qui prépare ces tranches de films ? Eh bien, c'est J.A. lui-même, dans la salle de montage qu'il s'est aménagée au sous-sol de sa résidence d'Outremont. Jean-Paul Ladouceur, un ancien cinéaste de l'ONF désormais à l'emploi de Radio-Canada, lui a montré comment faire, et il partage le travail avec lui. Pourquoi fait-il ce boulot de prime abord peu reluisant ? Certainement pas pour économiser un salaire de technicien. C'est simplement qu'il lui faut toujours quelque chose à faire et que ce travail, qui relève du montage, l'amuse énormément.

Coproduction avec la France

Quand Radio-Canada entre en ondes, DeSève pense-t-il déjà à créer sa propre chaîne de télévision ? Peut-être, car il considère déjà ses aventures dans la production comme un tremplin vers l'obtention d'une chaîne privée qui pourrait concurrencer la société d'État. Il ne peut s'empêcher d'élaborer de nouveaux projets d'entreprises, mais il sait qu'il devra se montrer patient, car le gouvernement fédéral n'accordera pas de sitôt une licence à une chaîne concurrente à la sienne. DeSève connaît d'ailleurs assez bien les possibilités de la télévision pour négocier, dès la fin des années 1940, les droits de télévision de tous les films qu'il achète pour France-Film, ce qui lui assure un quasi-monopole non seulement sur la production française, mais aussi sur une bonne partie du reste de la production européenne qu'il achète doublée en français. Déjà, Radio-Canada est forcée de faire affaire avec lui ; quand une licence pour une chaîne privée sera accordée, elle devra également traiter avec France-Film.

En attendant la possibilité de créer une nouvelle chaîne, pourquoi ne pas produire des émissions pour celle qui existe ? C'est ainsi que, en 1954, DeSève fonde Télé-International Corporation en compagnie de Paul L'Anglais et de Paul Galipeau. Avec cette firme, il s'adjoint un partenaire français, Michel Canello, pour fonder Telfrance en vue de produire en France des séries d'émissions pour Radio-Canada. Celles-ci sont tournées avec des réalisateurs et des

181

vedettes d'ici. Par exemple, la série *Pour elle*, mettant en vedette Suzanne Avon, l'actrice québécoise qui a joué Artémise dans *Un homme et son péché* et est maintenant mariée à Fred Mela, le soliste-vedette des Compagnons de la chanson, un groupe français qui vient régulièrement faire des tournées au Québec. Jacques Normand, qui fait aussi du music-hall dans les cabarets parisiens, se retrouve souvent sur le plateau. Cette coentreprise, dont DeSève détient les deux tiers des actions, avec l'entente selon laquelle chaque partie a priorité pour racheter les actions de l'autre, va se poursuivre durant une dizaine d'années. Après la fondation de Télé-Métropole, DeSève n'a plus les mêmes besoins ; Canello achète alors les actions des associés québécois et recentre Telfrance pour les besoins de la télé française ; sa compagnie continuera d'ailleurs à vendre à Radio-Canada des séries aussi célèbres que *Thierry la Fronde*.

Réception semi-privée avec le pape Pie XII, au début des années 1950. À genoux, à partir de la gauche, madame X, madame Bernard (la compagne de J.A.) Thérèse (sa fille), le couple Lionel Leroux.

Les deux associés se rencontrent quelques fois par année : DeSève se rend une fois par an en France pour négocier avec les distributeurs parisiens, et Canello vient à Montréal tous les deux ou trois trimestres. Il séjourne alors au 597, chemin de la Côte-Sainte-Catherine plutôt qu'à l'hôtel, et c'est pourquoi il en vient à développer une amitié assez particulière avec DeSève, qui finira par lui révéler beaucoup plus de choses concernant son enfance et ses jeunes années qu'il n'en confie à ses proches du Québec. Presque à chaque visite, les deux hommes se retrouvent à Lanoraie pour une fin de semaine de soi-disant repos, durant laquelle ils ne peuvent s'empêcher de travailler. Le dimanche, DeSève tient absolument à ce que Canello vienne à la messe avec lui et qu'il donne, comme lui, 5 $ à la quête. « Pourtant, m'a confié Canello, dans nos conversations ordinaires, cet homme ne me semblait croire ni à Dieu ni à diable ; mais il était très soucieux des apparences et des conventions sociales. » DeSève a sans doute conservé une bonne partie de la foi naïve de son enfance, mais il sait très bien que ce n'est pas en priant à l'église qu'on accumule des millions.

Le bienfaiteur de Lanoraie

DeSève a toujours tenu à s'impliquer dans cette communauté de 1 500 habitants, dont une partie est regroupée autour de l'église et l'autre, dispersée dans les fermes avoisinantes ou près du fleuve. Il a trouvé à Lanoraie un havre de paix. Il se lie d'amitié avec le maire Armand Laroche, qu'il reçoit souvent chez lui ; quand ce dernier marie sa fille, il lui fournit la limousine et le chauffeur. Dès la fin de la guerre, il s'est acheté un petit bateau et il a fait construire un quai en béton devant sa résidence. Aller se promener sur le fleuve, seul ou avec ses enfants, constitue, avec le jardinage, sa principale activité de détente.

Chaque fois qu'il se trouve à Lanoraie un dimanche, il assiste religieusement à la messe et il ne manque pas de donner à la quête. Ami avec le curé, il invite souvent ce dernier à manger à la maison. Les dernières années, il se lie d'amitié avec l'évêque de Joliette, Mgr Édouard Jetté (1898-1988), qu'il accueille fréquemment à son domaine. C'est ce prélat qui célébrera ses funérailles. L'ecclésiastique bénéficiera d'ailleurs d'une modeste rente annuelle que DeSève lui léguera par testament. Une chose est remarquable : tout le monde, au village, est au courant de sa situation matrimoniale irrégulière avec Mme Bernard, sans toutefois en connaître tous les détails, mais les gens semblent l'ignorer et manifestent une complète tolérance envers cet homme qui se permet de se rendre à l'église en compagnie d'une femme qui n'est pas sa « légitime ». Il l'emmènera d'ailleurs, lors d'un voyage en Europe, à une audience en petit groupe avec le pape Pie XII.

DeSève apprécie la cordialité des gens et il veut les faire profiter un peu de son aisance. Dès 1944, il devient un mécène régulier pour les jeunes : c'est sa contribution financière, jointe à celle du médecin de la place, qui permet de fonder l'association sportive.

Toutes les années suivantes, les organisateurs peuvent compter sur son coup de pouce dès qu'un déficit se pointe. À l'hiver de 1953, au moment où la télévision commence à peine à se répandre en dehors de Montréal, il fournit un téléviseur comme prix pour un tirage qui remporte un grand succès ; il faut se rappeler qu'à l'époque les appareils coûtaient au moins 10 % du salaire d'un ouvrier (entre 300 et 400 $ pour un « écran géant de 17 pouces », peut-on lire dans les annonces des journaux). Non seulement DeSève fournit des sous, mais il participe personnellement au carnaval annuel, au couronnement de la Reine des loisirs, aux soupers paroissiaux. Il n'accepte pas les invitations à participer aux danses, probablement parce qu'il se sait un peu balourd et qu'il n'a jamais dansé de sa vie, mais il se montre jovial, s'intéressant à tout un chacun. Dans les années 1940 et 1950, sa compagne d'alors, Mme Bernard, femme très réservée, timide et effacée, ne l'accompagne pas dans ces célébrations. Tout au plus assiste-t-elle parfois à la messe avec lui. Par contre, dans les années 1960, sa nouvelle conjointe, Blanche Gagnon, qui ne dépasse que de peu la trentaine, s'amuse beaucoup dans ces fêtes locales.

En plus des activités sportives, qui ont lieu dans le parc qui fait face à l'église, DeSève organise aussi des séances de cinéma hebdomadaires en 1944 et en 1945, dans la petite salle paroissiale, au moment où il a accès à tout le stock de France-Film. Chaque fois, il vient saluer les gens, mais il n'assiste pas au film, qu'il a déjà vu. Son chauffeur fait les projections de copies

16 mm de films français. Mme Denise Champagne est alors toute jeune adolescente et, avec ses copines, les petites Provencher et Surprenant, elle assiste à ces projections : «Ça nous ouvrait à la culture française, dira-t-elle plus tard, aux grands artistes, à la culture artistique en général.» Chaque semaine, avant la projection du nouveau film, DeSève lui-même rencontre ces jeunes filles de 14 et 15 ans pour leur demander leur opinion sur le film de la semaine précédente. Il veut ainsi savoir ce qui plaît aux jeunes filles, et sans doute se trouve-t-il bien en compagnie de ces belles adolescentes. Elles sont très impressionnées de ce qu'un homme si important, si beau («avec son blazer marine, un écusson sur la poitrine et son pantalon gris»), si intelligent, leur demande leur avis, «avec beaucoup de respect, ajoute-t-elle, parce que ça aurait pu être autre chose, mais c'était pas ça! Il ne touchait pas, il était pas question de ça. Juste des discussions.» Au début des années 1960, dans une nouvelle salle paroissiale plus grande et mieux organisée, ces projections de films reprennent. Jacques Sicard, enfant de la paroisse, jeune comptable à Montréal, va chercher le film à Télé-Métropole le vendredi après-midi et il l'y rapporte le lundi matin. Ce sont en général des films français récents, fournis gratuitement. Pour DeSève, il s'agit là d'une philanthropie qui ne lui coûte rien, mais qui est très appréciée par des centaines de villageois de Lanoraie.

Jacques Sicard, aujourd'hui retraité et responsable de la Société d'histoire de Lanoraie, confie d'entrée de jeu qu'il a été un boursier de DeSève. Fils d'ouvrier pauvre, il n'avait pas les moyens d'aller au collège, mais, comme ce fut le cas pour d'autres enfants du village, ses études classiques au Séminaire de Joliette ont été payées par DeSève à compter de 1949. Le mécène ne posait aucune condition, ne demandait pas de comptes, mais sans doute se tenait-il informé par les responsables du collège des résultats scolaires de ses protégés. À quelques reprises, Sicard est invité, avec d'autres garçons du village, à faire un tour de bateau avec son bienfaiteur ; il est, bien sûr, intimidé de rencontrer ce monsieur imposant qui semble s'intéresser vraiment à ce que les jeunes vivent. DeSève, qui n'a eu lui-même que des filles, cherche-t-il, dans la compagnie de ces garçons, un substitut aux fils qu'il n'a pas eus ? Il semble que non, car, s'il manifeste une attitude paternelle, voire paternaliste, il reste distant ; comme il ne pratique ni ne s'intéresse à aucun sport depuis son adolescence, il est maintenant un peu tard pour chercher à jouer avec des jeunes. À Montréal, de jeunes hommes reçoivent aussi une aide substantielle pour leurs études universitaires. Fait étonnant, DeSève ne cherche pas ensuite à les attirer dans ses compagnies et à en faire des collaborateurs. Peut-être n'a-t-il pas trouvé la perle rare correspondant à ses propres idéaux professionnels.

L'attachement de DeSève pour Lanoraie va se poursuivre jusqu'à la fin de sa vie. Au début des années 1960, DeSève offre à la municipalité une grande piscine publique dans le parc en face de l'église. En 2008, elle fait encore les beaux jours d'été des enfants de la région. Au milieu de la décennie,

Fête populaire à Lanoraie. À la droite de J.A., le curé A. Fafard.

il tente d'aider Mme Valcourt, veuve et propriétaire d'une petite manufacture de chemises et de chandails située à quelques centaines de mètres de sa résidence. Dépensière, Mme Valcourt, qui se paye une garde-robe et des voyages dans le Sud qui dépassent ses moyens, emprunte de l'argent à son voisin, qui aime bien sa compagnie. Mais vient un temps où elle se voit forcée de déclarer son insolvabilité. DeSève devient alors en quelque sorte le propriétaire de la chemiserie. Pour éviter que cette industrie disparaisse du village, il est tenté de la reprendre à son compte, et il demande même à Roland Giguère de s'en occuper, mais ce dernier refuse catégoriquement. Finalement, DeSève vend l'entreprise. Mme Lorette Richer, de qui je tiens ce récit, est à cette époque contremaîtresse à la manufacture, et elle devient chômeuse pendant un certain temps. Lorsque son mari meurt en 1967, elle doit emprunter 500 $ à DeSève (le chèque venait en fait de Ciné-Monde, une de ses compagnies…), montant qu'elle n'aura finalement pas à rembourser. Comme elle demeure dans une maison appartenant à DeSève, au moment de la liquidation de la succession, on lui propose d'acheter la résidence pour un montant de 5 000 $, bien en deçà de sa valeur. Son voisin immédiat, Roger Arpin (aucun lien avec Georges Arpin de France-Film), l'homme à tout faire de DeSève du début des années 1950 jusqu'en 1968 (il est concierge, préposé à l'entretien, il tond le gazon, s'occupe des fleurs, etc.), vit aussi dans une maison appartenant à son employeur, juste en face de sa résidence. «Pas de gros salaire, chaque quinzaine, mais le loyer est gratis», me raconte sa fille Monique, qui ajoute que la famille a pu demeurer dans ce logement pendant cinq ans sans payer de loyer après le décès du propriétaire. Comme on peut facilement le constater, beaucoup de gens, à Lanoraie, gardent un très bon souvenir de leur ancien concitoyen.

La ferveur patriotique ne s'est pas éteinte...

Les bureaux de l'Office national du film, créé en 1939, sont situés à Ottawa jusqu'en 1956, date à laquelle l'organisme s'installe à Montréal. Au printemps de 1957 éclate une controverse qui fait beaucoup de bruit: les Canadiens français sont victimes d'une grave discrimination dans cet organisme créé pour la promotion de l'unité nationale. Non seulement leurs salaires sont inférieurs à ceux de leurs homologues anglophones, mais il n'existe aucun bilinguisme chez les cadres, et les cinéastes francophones se sentent continuellement méprisés. Le quotidien *Le Devoir*

189

a lancé la lutte. *La Presse* s'y joint bientôt. Roger Champoux publie une série d'articles dans lesquels il tâche de présenter tous les points de vue.

On ne s'étonne pas que Champoux donne la parole à DeSève sur ce sujet épineux. L'article a pour titre : « Notre équipe est excellente ; donnons-lui totale liberté d'agir » (4 avril 1957). On s'étonne encore moins de voir le patron de France-Film, qui ne se gêne pas pour lancer quelques flèches au fonctionnarisme de l'institution fédérale, retrouver la fibre patriotique qui l'anime depuis les années 1930 :

« Le problème de l'ONF – aspect production – m'est familier depuis une douzaine d'années. Bon nombre de spécialistes (des deux langues) ont travaillé avec moi et pour moi à la réalisation de films. J'ai observé chez plusieurs un profond respect des formules plutôt que la recherche de l'inédit. Faut-il en conclure qu'on cherche plus à fabriquer des films qu'à créer ? Peut-être bien. Le fonctionnarisme est un virus contre lequel on se défend mal, hélas ! […] Il s'agit, évidemment, de problèmes de détails : la racine du véritable problème se retrouve dans les rapports entre les diverses équipes de production qui, du fait de leur race et de leur langue, n'ont pas et n'auront jamais d'authentiques attitudes. Il est souvent parlé de collaboration. Pour être franc – il est tout de même temps que certaines choses soient dites et écrites – la collaboration est toujours à sens unique et pratiquée par les mêmes. Il est un groupe qui ne pliera jamais. Pas à cause d'un mauvais esprit. Par tradition.

Il est un autre groupe – le nôtre – qui jamais ne doit
se rebiffer, qui doit être la gentillesse même, afficher toujours un généreux esprit de conciliation et
de déférence. La timidité, le manque d'aplomb et de
confiance en soi sont, en outre, nos pires défauts. [...]
Or, s'il apparaît impossible d'associer deux groupes
dont la mentalité s'affrontera toujours... qu'on les
sépare une fois pour toutes. [...] Je suis nettement
convaincu que, dans le cadre de l'ONF, une équipe
canadienne-française totalement autonome, ayant ses
coudées franches et autorisée à tourner selon ses goûts
et dans le "tonus" propre à notre culture, n'aurait pas
de mal à distancer tous les concurrents. [...]

L'Office national du film entend réaliser des films « canadiens » dans toute l'ampleur du terme. Fort bien. Mais l'entreprise est si vaste que le particularisme de notre petit peuple risque de disparaître à jamais dans l'aventure. Oui, je sais, nous sommes embêtants à la fin avec notre façon d'être différents des autres… seulement nous sommes là. […] Demander qu'on nous laisse travailler – dans le cadre administratif nécessaire, cela va de soi – mais selon notre mentalité et notre culture n'est pas, que je sache, exiger un privilège, mais l'élémentaire reconnaissance du droit de chacun de s'exprimer. […] Dans le cadre des possibilités de structure et des disponibilités budgétaires, la création de deux équipes distinctes ne devrait pas être l'utopie qu'on imagine. L'essentiel est de susciter une vive émulation. Les Canadiens français – et je ne vous apprends rien – ont de l'imagination, du goût, de la vivacité, une sorte de flamme. Ce n'est pas en bridant d'aussi exaltantes qualités que vous obtiendrez du cinéma de valeur. »

Ce discours sur la qualité et la « flamme » des jeunes cinéastes québécois reflète réellement la pensée de DeSève. Quelques années plus tard, on le verra de nouveau s'impliquer dans la production avec des jeunes cinéastes indépendants, notamment Pierre Patry et Denis Héroux. Pour ce qui est de l'ONF, un grand patron bilingue, Guy Roberge, y sera nommé peu après la campagne de presse des francophones ; la division entre équipe française et équipe anglaise sera effective deux ou trois ans plus tard, bien qu'elle ne sera officiellement reconnue par l'administration qu'en 1964.

Dans cette interview, DeSève exprime le ras-le-bol de beaucoup d'artistes canadiens-français qui doivent toujours se plier à la volonté des patrons anglophones, dans cette période qui précède la Révolution tranquille. Il fustige leur manque de confiance et leur humilité qui leur font toujours courber l'échine, tout en faisant appel à leur fierté et à la nécessité de s'affirmer. Leur différence doit devenir un atout, croit-il. Et c'est ce qui se passera.

1958 : l'affaire *Maxime*

Après 1952, la télévision se met à gruger rapidement le public du cinéma. À cause de leur qualité, de leur univers culturel et de leur attrait linguistique, les films français en souffrent moins que les produits hollywoodiens. Ils perdent néanmoins une partie de leurs spectateurs, d'autant plus qu'ils doivent affronter aussi un ennemi impitoyable, le Bureau de censure. Alexis Gagnon, ancien journaliste au *Devoir* et ami de Maurice Duplessis, le dirige depuis le 5 décembre 1947, et restera en poste jusqu'au 17 février 1961. C'est le censeur le plus rigoriste qu'on ait connu. Il ne voit pas que le Québec est en train d'évoluer, satisfait de s'en tenir aux interdits d'un autre temps. Quelques mois avant son arrivée, France-Film s'était vu refuser *Les enfants du paradis* de Marcel Carné ; ce film ne sera soumis, et accepté, qu'en 1967. Par contre, il aura été présenté plusieurs fois à Radio-Canada dès 1960.

Sous la direction de Gagnon, la censure reste aussi tatillonne qu'elle l'était dans les années 1930, et elle multiplie les coupures de tout ce qui a un rapport à la sexualité et au divorce. DeSève devra-t-il réunir de nouveau un comité de précensure ? Il le juge sans doute inutile, et il ne veut plus prendre l'odieux de suggérer des modifications. Sans compter que son ami, Mgr Harbour, est décédé le jour de Noël 1952.

L'affaire *Maxime* représente un moment clé pour l'évolution de la censure au Québec. Du 3 au 9 novembre 1958, France-Film organise une première Semaine du cinéma français en collaboration avec Unifrance-Films, l'organisme promotionnel de l'État français. Plusieurs des grandes vedettes de l'heure de l'Hexagone s'amènent au Québec pour faire la promotion de leurs films : Arletty, Charles Vanel, Jacques Tati, François Périer, Louis Malle, René Clair, Dany Robin, etc. ; leur premier contact avec les Québécois a lieu lors d'une réception très animée et très chaleureuse que donne DeSève à sa résidence d'Outremont. Le lendemain, *Maxime* de Henri Verneuil, en grande première, doit inaugurer la Semaine ; cinq jours auparavant, il a été accepté par les censeurs, mais avec des coupures de 40 minutes, ce qui représente le tiers du film ! Mis au courant, les responsables d'Unifrance décident de ne pas présenter une œuvre à ce point mutilée. *Maxime* est remplacé par *Montparnasse 19* de Jacques Becker, qu'Alexis Gagnon a aussi trouvé le moyen de modifier légèrement. C'est assez, disent les critiques dès le lendemain. Les invités français ajoutent leur grain de sel, de sorte que, tout le reste de la semaine, on assiste à un procès de la censure québécoise. André Laurendeau, dans *Le Devoir* du 7 novembre, y va d'un long éditorial où il met radicalement en cause le Bureau de censure, soulignant que «le but de l'œuvre d'art n'est pas la morale, c'est la beauté» et que l'institution gouvernementale vient de tourner tout le Québec en ridicule. Il est du tempérament de DeSève de se réjouir de ce qui arrive. Pourtant impliqué directement en tant que président de France-Film et organisateur de l'événement, il ne prend pas position publiquement, contrairement à ses partenaires français. À la suite de cette affaire, il demeurera craintif et laissera à ses petits concurrents désireux de prendre des risques les films pouvant porter à controverse. Par exemple, il n'achète pas les droits de *Et Dieu créa la femme* de Roger Vadim. Il organisera de nouveau des Semaines du cinéma français dans les années 1960, mais il ne choisira pour ces occasions que le produit le plus commercial.

Et la famille?

Peu après la guerre, DeSève entame une nouvelle relation avec une certaine dame Bernard, veuve, à quelques années près de son âge. «Une dame élégante, un peu pincée, toujours bien coiffée, même au moment où elle est atteinte d'un cancer», dit Mme Richer, son ancienne voisine à Lanoraie, qui aurait souhaité établir de meilleures relations avec elle. Elle se plaît à Lanoraie, où son tempérament solitaire trouve la tranquillité souhaitée; elle aime moins Outremont. Elle est extrêmement réservée, peu sociable et elle n'aime pas participer aux réceptions; quand elle doit y être, elle reste le plus souvent en retrait et socialise peu avec les invités. Elle décède d'un cancer en 1957; une fois de plus, cette terrible maladie ravit à DeSève un être cher. Elle est exposée dans la résidence de Lanoraie, comme c'est encore la coutume dans la plupart des familles québécoises, au milieu de montagnes de fleurs. Elle est inhumée dans un autre village. Son fils Gilles est médecin depuis peu et il restera toujours le bienvenu à Lanoraie. Bientôt, DeSève deviendra le parrain de sa petite Anne Claude.

Durant toute cette période, sa relation avec Mme Bernard n'empêche pas DeSève d'avoir quelques aventures galantes. Légendes urbaines? Peut-être, mais elles ont sûrement un fondement. Des témoins nomment telle secrétaire d'abord engagée pour Renaissance, qui passe ensuite à France-Film et qui reste toujours une proche collaboratrice; d'autres, telle comédienne importante de *La petite Aurore…* Une chose est sûre, le quinquagénaire qui ne joue ni au tennis ni au golf dépense son énergie à sa façon.

Il est très attaché à ses enfants et petits-enfants, même s'il ne les voit pas souvent. Il les accueille de temps en temps à Lanoraie ou organise pour eux de petites fêtes à Outremont. Claude Chapdelaine, fille de Rollande, garde parmi ses plus beaux souvenirs les croisières sur le FRANC-BEC avec son grand-père; par exemple celle qui les mènera de Lanoraie jusqu'au

Saguenay, parsemée d'escales dans les meilleurs restaurants des villes riveraines, alors qu'elle avait 16 ans, ou bien la remontée du Richelieu. Mais il y a comme deux clans dans la famille. Entre Rollande et sa demi-sœur Thérèse, bien qu'elles se rencontrent de temps en temps, il y a toujours un certain froid, dû en partie à la différence d'âge, mais aussi parce que Thérèse tient beaucoup de son père, avec qui elle demeure la plupart du temps, alors que l'aînée reste proche de sa mère, Juliette Chalifoux. Thérèse se marie le 19 juin 1954 avec Claude Piette, un étudiant en droit. La célébration se déroule à l'église Notre-Dame de Montréal, où ont été célébrés tous les mariages (et les funérailles…) des grandes familles de la haute bourgeoisie. Rapidement, le jeune couple a trois enfants. Piette ne termine pas ses études et commence à faire de petits boulots pour son beau-père, mais les deux hommes ont des tempéraments très différents et ils ne s'entendent pas, de sorte que Piette cherche bientôt du travail ailleurs. Il obtient un poste de vendeur pour la compagnie Proctor and Gamble. La petite famille déménage à Laval, dans une maison achetée par DeSève, mais le couple ne dure pas, et c'est le divorce en 1964; rappelons qu'à l'époque le divorce n'est pas encore légalisé (il ne le sera qu'en 1969), et il ne peut être prononcé officiellement que par un *bill* privé du gouvernement d'Ottawa, ce qui est très coûteux: c'est évidemment DeSève qui défraie les coûts de la procédure.

DeSève n'entretient pas de relations suivies avec ses frères et sœurs et leurs enfants, mais, parfois, il les reçoit à Lanoraie ou à Outremont à l'occasion de fêtes organisées spécialement pour eux. En général, ses propres filles ne sont pas présentes parce qu'il ne tient pas à les mettre en contact avec son passé de Saint-Henri, même s'il lui arrive de leur en parler. Si certains ont rencontré Thérèse, la plupart ne savent pas ce que sont devenues Juliette Chalifoux et ses filles Rollande et Jacqueline. Plusieurs ont l'occasion de faire de jolis tours sur le fleuve Saint-Laurent à bord du FRANC-BEC. Toutefois, la complicité de l'enfance n'existe plus : il y a toujours une certaine gêne entre eux parce que le frère J.A. mène une vie bien différente de la leur. Cependant, quand l'occasion se présente, il n'hésite pas à donner, financièrement, un coup de main à l'un ou à l'autre. À la suite de son décès, ceux qui lui survivent recevront une petite rente annuelle qui leur permettra d'arrondir leurs fins de mois.

Chapitre 6
LA FONDATION DE TÉLÉ-MÉTROPOLE

La télévision sort des laboratoires au milieu de la décennie 1930, et les expériences de diffusion publique se multiplient rapidement dans plusieurs pays, dont la France, les États-Unis et l'Allemagne. Les premiers récepteurs apparaissent dans les magasins. Personne ne doute que le petit écran va s'imposer après le cinéma et la radio. Ce sera peut-être une synthèse des deux. Certains doutent même que les deux «vieux» médias, qui sont pourtant encore tout jeunes, puissent survivre. En 1939, toutefois, la guerre survient, et le monde a bien d'autres préoccupations.

Aux États-Unis, la diffusion d'émissions télévisuelles reprend dès 1946 et elle connaît rapidement un grand succès. Au Canada, les citoyens des régions frontalières, surtout en Ontario, se mettent à l'écoute des émissions américaines. En mars 1949, le gouvernement fédéral canadien autorise Radio-Canada à entreprendre la création d'un réseau national de télévision, avec Montréal et Toronto comme lieux de production d'émissions ; il entre en ondes le 6 septembre 1952. Au cours des années qui suivent, des chaînes privées, en général affiliées à la télévision nationale, sont autorisées à diffuser dans les principales villes partout sur le territoire, sauf à Montréal ; on les voit apparaître à Québec, Sherbrooke, Trois-Rivières, Jonquière, Rimouski, New Carlisle, etc. ; chacune fabrique un minimum d'émissions, dont des bulletins de nouvelles locales, et certaines s'échangent des productions domestiques, mais toutes s'alimentent à la télévision d'État pour les grandes émissions d'information, les séries dramatiques, les téléromans, les téléthéâtres, etc., de sorte qu'on peut dire qu'à peu près tout le Québec francophone regarde, par exemple, *Point de mire* ou *La famille Plouffe*. Rappelons qu'il n'est pas encore question de câblage : toutes les émissions sont captées par antenne.

Paul L'Anglais.

À Montréal, il n'y a toujours que Radio-Canada çomme chaîne francophone. Dès que son succès est confirmé, plusieurs pensent qu'une autre chaîne, privée celle-là, pourrait servir d'amiral à un nouveau réseau. J.A. DeSève en aurait eu l'idée dès la fin des années 1940. Paul L'Anglais y pense aussi quelques années plus tard. Tous deux sont alors plus ou moins concurrents, mais, ensemble, ils partagent une longue expérience dans la production d'émissions de radio, la direction de studios de cinéma, la programmation de spectacles populaires. Qui plus est, la somme de leurs contacts dans le milieu artistique comprend sans doute la totalité du bottin de l'Union des artistes, sans compter tous ceux qu'ils entretiennent dans les milieux politiques. Ils savent toutefois qu'ils doivent attendre quelques années avant qu'une nouvelle licence puisse être octroyée par le Bureau des gouverneurs de la radiodiffusion (BGR), organisme qui réglemente les ondes publiques au nom du gouvernement fédéral canadien (l'ancêtre du CRTC actuel). Cette occasion va se présenter en 1960.

Les audiences du Bureau des gouverneurs de la radiodiffusion (BGR)

À l'été de 1959, le gouvernement de John Diefenbaker annonce qu'il autorisera bientôt la création de chaînes de télévision entièrement privées à Montréal, une en anglais, l'autre en français. Le BGR recevra les candidatures et tiendra des audiences publiques l'hiver suivant.

Dès le début de l'hiver, la presse fait état de la constitution de quatre groupes du côté francophone, car la création d'une telle entreprise engagera des sommes considérables et elle pourrait difficilement être financée par une seule institution. Trois des groupes ont pour chef de file une station de radio, ce qui représente un atout considérable à cause de son expertise en communication de l'information et des vedettes médiatiques qui lui sont associées.

Un autre groupe est formé par le quotidien *La Presse* et comprend la station de radio CKAC, qui appartient à ce dernier depuis 1922. Une semaine avant les audiences, à la surprise générale, le groupe CKAC-*La Presse* retire sa candidature. Il semble que ce retrait soit causé par la rumeur selon laquelle le BGR n'acceptera pas que l'information soit ainsi concentrée (journal, radio, télévision) dans les mains d'une même société, ce qu'on appellera plus tard la « convergence »... et qui deviendra pratique courante.

L'avocat et homme d'affaires Raymond Crépault, qui vient d'acheter la station CJMS, a aussi soumis sa candidature, mais il la retire à la dernière minute. Crépault vient l'annoncer lui-même au tout début des audiences, le 8 mars au matin, sans en donner les raisons. La rumeur circule ensuite à l'effet que, financièrement, Crépault n'avait pas les reins assez solides pour se lancer dans cette aventure.

Pour les audiences, ne restent donc en lice que le propriétaire de CKVL, Jack Tietolman, associé à United Amusement, filiale de Famous Players Canadian Corporation, une compagnie bien établie d'exploitation du cinéma, puis Paul L'Anglais, qui œuvre depuis longtemps comme producteur d'émissions de radio, associé à J.A. DeSève qui met surtout de l'avant la compagnie France-Film, dont il est propriétaire.

Les audiences du BGR, présidé par Andrew Stewart et composé surtout d'anglophones, mais aussi de Roger Duhamel, journaliste et écrivain bien connu, se tiennent à Montréal, à l'Hôtel Reine-Élisabeth, du 7 au 10 mars 1960. Le premier jour, les gouverneurs entendent diverses demandes liées à la radiodiffusion. Le 8, les deux groupes francophones requérant le permis présentent leur plaidoyer, qui résume les mémoires étoffés qu'ils ont préalablement fournis, et mettent de l'avant leurs atouts (les informations qui suivent sont tirées du rapport officiel des audiences, Archives du CRTC).

Les audiences se déroulent surtout en anglais, même quand un Canadien français répond à une question posée par un autre Canadien français ; comme le dira André Ouimet, c'est pour se faire comprendre par tout le monde. Et Paul L'Anglais d'ajouter : « Nous croyons que c'est une élémentaire courtoisie que de nous adresser à un Bureau des gouverneurs dont la langue maternelle est l'anglais, en anglais, dans la province de Québec qui est reconnue pour son hospitalité.» D'autre part, et c'est une première dans ce genre de rencontre, un service de traduction simultanée est offert.

Chacun des deux groupes doit démontrer au BGR qu'il est le plus apte à créer et à faire vivre la nouvelle chaîne, qu'il offrira au public le meilleur service.

Le groupe L'Anglais comparaît en premier. La demande officielle est ainsi formulée : Permis pour l'établissement d'un nouveau poste de télévision de langue française à Montréal, par les soins de PAUL L'ANGLAIS et associés, au canal 10, d'une puissance effective d'émission de 325 KW (image) et 195 KW (son) ; antenne omnidirectionnelle ; 964 pieds de hauteur effective au-dessus du niveau moyen.

Paul L'Anglais est le principal porte-parole. Il est accompagné de DeSève (président et directeur général), d'André Ouimet (jusque-là, un cadre supérieur à Radio-Canada et frère du grand patron de l'institution fédérale, qui deviendra second vice-président et assistant de DeSève), de Maurice Godbout (secrétaire) et de Jean-Paul Ladouceur (superviseur de la production). Ils vont tour à tour présenter les orientations, les appuis que leur fournissent divers organismes, la structure du financement, le conseil d'administration, le type de programmation visée. Sont aussi présents Marcel Piché, avocat, et le notaire Lionel Leroux. Tout le monde sait que c'est DeSève qui est le véritable demandeur du permis, non seulement parce qu'il est le principal financier, mais aussi parce que c'est un rêve qu'il caresse depuis plusieurs années. Dès les débuts de la télévision publique, il a su s'organiser pour en devenir le principal fournisseur de films. Évidemment, il compte faire de France-Film le principal fournisseur de films de la nouvelle station. Pourquoi L'Anglais est-il à l'avant-plan lors des audiences ? Parce qu'il a l'habitude de ce genre d'interventions et que tous ceux qui comptent dans le monde de la radio le connaissent depuis longtemps, d'autant plus qu'il possède une compagnie spécialisée dans la vente de publicité pour les médias. Mais c'est aussi parce qu'il est connu depuis longtemps comme un membre éminent du Parti progressiste-conservateur, alors au pouvoir, pour les campagnes électorales duquel il a d'ailleurs orchestré la publicité au Québec ; il y a toujours beaucoup d'amis et il demeure en contact direct avec les plus hautes instances, lesquelles pèsent lourd sur les décisions du BGR, selon les mœurs politiques de l'époque. Cela correspond d'ailleurs tout à fait à la méthode DeSève traditionnelle qui est d'envoyer en première ligne des fidèles seconds alors qu'il peut demeurer en retrait pour tout diriger. Quand ce dernier comparaît devant les gouverneurs, il évoque son passé de *self-made-man* pour qui la constance et l'énergie consacrées au travail constituent les valeurs essentielles, et il présente les arguments garantissant qu'il pourra faire de la nouvelle entreprise un autre succès d'affaires.

Voici les objectifs exprimés par le groupe L'Anglais :

« Doter la population française de la métropole et des environs d'un service de télévision de la plus haute tenue technique, morale et artistique.

Contribuer au développement général du grand Montréal en appuyant les grands mouvements communautaires d'éducation, de culture, de religion et de bien-être social.

Favoriser la mise en valeur des talents canadiens et l'épanouissement d'une culture vraiment canadienne.

Donner aux annonceurs de la région et du Canada entier un médium de publicité sans égal sur le marché montréalais.

Devenir et demeurer des chefs de file dans l'industrie de la télévision privée.

Refléter en tout temps, objectivement et librement, la vie et l'activité montréalaises et nous assimiler parfaitement à cette vie et à cette activité.

Assurer à nos employés, en plus d'une rémunération adéquate, des conditions de travail agréables et des avantages intéressants de sécurité et de bien-être social.

Assurer à nos actionnaires un revenu raisonnable de leur investissement. »

Après l'énoncé de ces orientations fondamentales, L'Anglais ajoute : « *It is not in our intention to compete with the CBC but to complete a better TV service in Montreal* », formule dont la traduction ne rendrait pas la saveur. Rétrospectivement, à la lumière du caractère populiste que prendra rapidement la station, il est assez ironique de lire cette formule. L'Anglais ajoute également qu'il veut « combattre l'invasion progressive de notre marché par les stations américaines d'outre frontière ». Il se dit très soucieux d'établir un équilibre entre la responsabilité culturelle et les intérêts économiques, tout en évitant la mentalité « paroissiale ». À ces orientations, il faut ajouter les visées culturelles et éducatives que DeSève exprime dans son propre panégyrique, reproduit un peu plus loin.

Déjà, deux stations de télévision indépendantes du Québec assurent leur collaboration, de même que l'Office du film du Québec. Dans le domaine culturel, le Théâtre du Nouveau Monde et la Comédie canadienne vont coopérer dans la production de pièces de théâtre ; l'Université de Montréal va participer à plusieurs émissions de culture savante, domaine qui ne pourra que se développer à mesure que les compétences acquises grâce aux cours télévisés seront reconnues par des crédits accordés par l'université. Évidemment, France-Film pourra fournir tous les longs métrages nécessaires ; elle en a au moins 800 en stock. DeSève ajoute avec humour, à la suite d'une question, qu'il ne refusera pas de louer ses films à Radio-Canada, la société d'État payant plus cher! La nouvelle compagnie s'est déjà dotée d'un conseil consultatif dont les membres comptent parmi les personnalités les plus prestigieuses du monde culturel québécois : André Bachand, directeur des relations publiques de l'Université de Montréal ; H.E. Hershorn, doyen de la faculté de notariat de l'Université McGill ; la folkloriste bien connue des médias Hélène Baillargeon-Côté ; Jean-Marie Beauchemin, secrétaire de la Fédération des collèges classiques ; Joseph Dansereau, directeur des études à la Commission des écoles catholiques de Montréal ; Pauline Donalda, directrice et fondatrice de l'Opera Guild ; Jean Gascon, directeur du Théâtre du Nouveau Monde ; Gratien Gélinas, directeur de la Comédie canadienne ; Raoul Jobin, célèbre chanteur et directeur des Jeunesses musicales ; Nicolas Koudriavtzeff, président de Canadian Concerts and Artists ; Jean Lallemand, président honoraire de l'Orchestre symphonique de Montréal ; Léon Lortie, président du Conseil des arts de Montréal ; le père A.M. Guillemette, o.p., directeur de l'École de service social et vice-doyen de la faculté des Sciences sociales de l'Université de Montréal ; Aline-Hector Perrier, fondatrice des Amis de l'art ; Louis-Philippe Poulin, secrétaire général de l'Union catholique des cultivateurs ; Jean Vallerand, musicien et secrétaire général du Conservatoire de musique de la province de Québec. Toutes ces personnes font partie du gratin culturel de Montréal, qui n'a rien à voir avec la culture des milieux ouvriers. À en croire cette énumération, on peut penser que Télé-Métropole veut supplanter Radio-Canada dans le registre de la « grande culture ». Il n'est pas étonnant que les critiques de l'autre groupe, après avoir entendu cette longue liste, se montrent convaincus que L'Anglais et ses associés désirent mettre sur pied une autre télévision élitiste, plutôt qu'une chaîne populaire.

Quant à la dimension financière, les administrateurs prévoient que le coût d'opération de la première année se situera aux environs de quatre millions de dollars (à titre de comparaison, il a fallu huit millions pour lancer Radio-Canada, et son budget pour 1960-1961 s'élève à près de 90 millions $). Cette somme sera fournie par les divers partenaires, surtout des compagnies dirigées par DeSève (il détient 88 % des actions de France-Film, 54 % de celles de Télé-International Corporation, etc.), et les revenus anticipés de la publicité assureront la rentabilité de l'opération. Il est clair pour tout le monde que le patron de France-Film est le principal financier de l'affaire, avec la majorité des actions, qu'il en aura le contrôle et qu'il aura tout le loisir de la modeler selon ses idéaux. Déjà, il possède des terrains, un édifice où pourra loger l'administration, le théâtre Arcade (renommé Pigalle depuis quelques années alors qu'on y projette du cinéma) qui fournira les premiers studios, et il dispose de l'argent pour en construire d'autres, ainsi que d'un grand stock de films « parlant français » qui feront partie de la programmation. L'Anglais et ses associés sont déjà bien placés dans la vente de publicité, laquelle se vendra à 80 % des tarifs exigés par Radio-Canada, la différence venant du fait qu'on vise un marché plus local et le recrutement de nouveaux annonceurs, sans oublier qu'on n'espère pas obtenir du jour au lendemain des cotes d'écoute équivalentes à celles de Radio-Canada.

Télé-Métropole entend diffuser pendant 55 heures par semaine durant les premiers six mois, puis augmenter progressivement ce temps, d'abord à 65 heures. Chaque heure de diffusion coûterait 1 400 $. Elle pourrait facilement proposer 90 heures de programmation, mais ce serait au détriment de la qualité. Or, comme le souligne André Ouimet dans un propos qui a tout de l'autocongratulation, Radio-Canada a déjà habitué l'audience à de hauts standards de qualité, et il ne faut pas aller en deçà. Du même coup, il dénigre l'autre candidat, qui propose 88 heures, pour chacune desquelles il ne dépenserait que 884 $, étant entendu que le coût d'opération total est le même dans les deux cas.

La direction de Télé-Métropole vue par le caricaturiste Gaucher.

En comparaison, Radio-Canada diffuse alors 65 heures par semaine pour un coût moyen de près de 6 000 $. Dans sa programmation, présentée par Jean-Paul Ladouceur, Télé-Métropole entend donner leur chance à beaucoup de jeunes talents, à des figures nouvelles. Elle les formera au besoin. Il y aura deux bulletins d'information quotidiens, des périodes de services publics, des programmes culturels, des pièces de théâtre, des cours universitaires en fin de semaine, des séries dramatiques, des films, des émissions musicales.

Pour conclure la présentation de son groupe, L'Anglais évoque son amitié avec Sir Alexander Korda, le grand réalisateur britannique, qui lui a un jour confié : « Ce qui fait un bon réalisateur, c'est 15 % d'argent, 20 % de savoir-faire, 20 % de dur labeur, 20 % de chance, 20 % de sens du spectacle, et le reste de folie [*baloney*]. » Et il ajoute : « Nous avons l'argent ; avec un orgueil pardonnable, nous avons le savoir-faire ; nous sommes tous habitués à travailler fort ; nous aimons tous notre profession profondément ; nous avons le sens du spectacle ; et si le BGR nous en donne la chance, en vue de compléter la formule de Sir Alexander Korda, nous allons faire un effort considérable pour acquérir la nécessaire folie ! »

Le fleuron de ces audiences, quand on considère qu'elles ont pour but de démontrer aux gouverneurs la crédibilité du demandeur et sa capacité à créer et à gérer la nouvelle institution, est la présentation que DeSève fait de lui-même, en français. Il vaut la peine d'en reproduire de larges extraits. En italique, je souligne quelques points qui ne correspondent pas aux faits.

DeSève aux audiences du BGR, le 8 mars 1960

« Je suis né à Montréal, il y a tout près de 60 ans. [*Il a 63 ans à ce moment…*]

[Ici, il évoque ses glorieux ancêtres, comme on l'a vu dans le segment de cette même présentation reproduit au premier chapitre.]

J'ai été élevé à Saint-Henri de Montréal. C'est là que je suis allé à l'école avec mes compatriotes. J'ai étudié avec eux… j'ai prié avec eux dans les mêmes églises… j'ai appris à les connaître… c'est là, étant enfant, que j'ai joué avec eux… pas longtemps, hélas, puisque j'ai commencé à travailler à l'âge de 13 ans.

Nous n'étions pas riches, ma mère est devenue veuve après avoir donné le jour à 18 enfants. [*Il n'y en a que 16 dans les registres des paroisses et dans les enregistrements officiels de l'État.*]

J'aimais l'étude, et parce que le jour je travaillais pour gagner ma vie, c'est le soir – la nuit – que j'étudiais. J'ai appris à connaître mes compatriotes, à les aimer, à les comprendre ! J'étais comme poussé par un instinct naturel à me demander qu'est-ce que je pourrais donc faire pour améliorer leur valeur. Cela peut vous paraître étrange, mais c'est exactement ce qui s'est passé. Or, un jour, le cinéma parlant est arrivé ; j'ai cru voir là un moyen puissant d'éducation, un moyen d'aider à développer chez mes compatriotes le goût du beau... du bon... je voyais là un moyen, tout en améliorant leur façon de voir les choses, d'aider l'unité canadienne, l'unité qui doit exister dans notre pays !... Je me suis donc lancé dans l'importation de films de langue française, je n'avais à ma disposition que la jeunesse, un bon entourage de cinq ou six jeunes gens comme moi et une volonté ardente de faire quelque chose. Petit à petit nous avons construit ; je me souviens : pendant treize ans, sept jours par semaine, le dimanche, les jours de fête – le jour de l'An – sans un jour de maladie, sans un arrêt, nous avons de 10, 12 et 13 heures par jour minimum travaillé à construire ! Ce n'était pas tout, il fallait connaître le goût des clients, s'asseoir dans les salles, les voir, leur demander : Avez-vous vu telle chose ? Comment l'aimez-vous ? Pourquoi avez-vous aimé ça ? Qu'est-ce qui ne vous plaît pas ? Il fallait apprendre... nous avons appris à connaître ce que nos gens voulaient et ce qu'il leur fallait pour rehausser leur goût. On ne peut pas réaliser d'un seul coup tous les idéaux. Il fallait donc graduellement participer à faire l'évolution de notre culture.

Nos gens aimaient le mélodrame, ils aimaient les chansons de folklore, ils aimaient les choses simples... assez terre à terre, il faut l'avouer. Le champ

213

était vaste, nous avons formé un théâtre. Et je tiens ici, si vous me le permettez, à rendre hommage à la centaine d'artistes dont les noms sont dans le mémoire que nous vous avons fourni et qui ont travaillé… travaillé… pendant des semaines, des semaines et des semaines – imaginez-vous, ils avaient une pièce par semaine à apprendre, pièce de quatre actes, trois actes, cinq actes et il fallait que les rôles soient appris par cœur. La nuit, on répétait la pièce de la semaine suivante. Ces gens-là ont travaillé avec un petit salaire, mais ils comprenaient que les prix d'admission n'étaient que de 25 ¢, 35 ¢, et 40 ¢. On ne pouvait payer davantage parce qu'il fallait d'abord créer chez nos gens le goût du théâtre. C'était là notre première mission. Il fallait bien que tout le monde fasse des sacrifices. Ils en ont fait et des terribles, mais, d'un autre côté, aujourd'hui, ils en sont récompensés – tous – 90 % de ceux dont vous voyez les noms sur le mémoire que vous avez en main sont aujourd'hui des vedettes de la télévision… de la radio… des vedettes du théâtre… des metteurs en scène… des gens qui, à force de travail et d'abnégation, ont appris leur métier. Je tiens à les remercier de ce qu'ils ont fait et à les féliciter d'avoir eu le courage d'endurer de telles choses. Il a fallu aussi, petit à petit, ajouter aux films, aux pièces que nous faisions interpréter, aux ballets, aux danses, aux chanteurs, des choses un peu plus élevées de façon à inculquer le goût de la belle culture, leur faire comprendre davantage le reste du pays.

Aujourd'hui, nous avons plusieurs troupes de théâtre… c'est dur… le théâtre sera toujours dur…

et il y aura toujours des pionniers dans le théâtre… il y aura toujours des victimes du théâtre – des martyrs du théâtre, mais, lorsqu'on est convaincu d'une chose, rien ne peut nous empêcher de la mener à bonne fin.

Bref, on peut dire aujourd'hui avec fierté que, après 30 ans d'efforts, tous mes collaborateurs de la première heure sont encore avec moi – n'ont pas quitté d'un seul instant le travail qu'ils s'étaient juré d'accomplir – ils sont tous là [*Tous les premiers associés: Cardinal, Rickner, Hurel, Janin, etc., ont été cavalièrement éconduits.*] Nous sommes fiers et heureux d'avoir accompli ce que nous avons cru et que nous croyons toujours être notre devoir!

Puis, un jour, on a entendu parler de la télévision – la télévision, c'est la suite logique de notre activité. Il y a plus de dix ans que nous nous préparons pour la télévision. L'édifice que vous verrez tout à l'heure a été acheté il y a dix ans en prévision d'aujourd'hui.

Pour continuer l'œuvre, il fallait que je m'entoure d'un autre groupe de plus jeunes. Je connaissais mon ami Paul L'Anglais depuis plusieurs années, je connais André Ouimet depuis six ans. Je l'ai vu à l'œuvre, je l'ai vu travailler à Radio-Canada, c'était l'homme qui disait presque toujours non à ce que je lui proposais… J'ai connu M. Jean-Paul Ladouceur également à Radio-Canada. Me Godbout est mon ami depuis 15 ans, notaire Leroux – ami d'enfance – [*Leroux, fils de bourgeois d'Outremont, est de huit ans son cadet*], M. Piché, depuis 12 ans. Tous connaissent le travail accompli – tous y ont participé à des degrés différents. Nous avons donc l'intention de former une société qui aura le même dynamisme. Cette nouvelle société que nous allons fonder est à nous, à eux ainsi qu'aux hommes clés que nous connaissons et qui vont nous entourer. Ce sera un groupe, une société – ce ne sera pas le rôle d'un individu, mais d'un groupe d'individus tous animés d'un seul esprit de compréhension, de collaboration, animés du désir bien légitime de contribuer à améliorer la culture, la compréhension et l'amour les uns des autres pour développer l'unité canadienne si nécessaire à la prospérité de notre pays.

Si, avec pas un sou, nous avons réussi à conserver notre façon canadienne de vivre, à améliorer les relations entre les peuples qui composent notre belle nation, à nous aimer les uns les autres, que pensez-vous que nous puissions faire pour continuer cette œuvre… la suite logique de notre entreprise, avec des gens comme Paul L'Anglais, André Ouimet, Jean-Paul Ladouceur, moi-même, Godbout, Piché, Leroux et les autres qui viendront alors que nous avons de l'argent en quantité à notre disposition – alors que nous sommes tous animés du même esprit de combativité, de connaissances, de savoir-faire et que nous aurons à notre disposition quelque chose de grand… de noble… qui peut faire tant de bien ! Avant, les gens venaient chez nous, ils y viennent encore, en moins grand nombre, mais ils viennent. Maintenant, nous allons leur rendre une visite, nous allons nous rendre dans leurs maisons, essayer de leur inculquer davantage le culte des belles et grandes choses ! En plus de leur donner ce qu'ils aiment, parce qu'on les connaît admirablement, nous savons comment doser les attractions pour leur plus grand bien et pour élever leur standard culturel. Lorsque plus tard, beaucoup plus tard, espérons-le, nous serons appelés à rendre compte de nos actes, nous avons le ferme espoir que tous les Canadiens diront de nous en parlant de nous, ils ont bien mérité de la Patrie.

Merci. »

Ce discours, improvisé à partir de quelques notes, livré avec beaucoup d'émotion, a tout de celui d'un politicien en campagne. DeSève cherche à séduire avec des arguments faciles. Il utilise souvent des mots creux, qui ne veulent pas dire grand-chose. Il évoque des éléments du passé qu'il mythifie ; par exemple, il aurait été l'initiateur de la venue au Québec du cinéma français. Il est impossible que sa mère ait eu 18 enfants, selon la chronologie des naissances. D'une façon, DeSève reproduit la légende qu'il construit à son sujet depuis plusieurs années. Il a créé et raconté ce qu'il voudrait qu'on pense de lui. Il affirme avoir étudié, mais son discours est d'un niveau très simple, celui de quelqu'un qui a peu de vocabulaire, et emploie de nombreux clichés. De plus, il cherche à impressionner en exprimant des idéaux politiquement corrects : l'idée de l'unité canadienne, celle de la culture à développer... Quand il évoque le théâtre qu'il a soutenu, il reste vague, et cela peut aisément tromper les gouverneurs anglophones qui, au mieux, connaissent Gratien Gélinas, mais ce théâtre est bien loin de celui que présente Jean Gascon. Au fond, DeSève passe bien près de contredire ce qu'ont affirmé ses acolytes. Quoi qu'il en soit, personne du groupe n'a vraiment exprimé la vision populiste qui sera imprimée à la chaîne dès que la licence sera obtenue. D'une façon, toute la présentation du groupe L'Anglais a été orchestrée pour emberlificoter les gouverneurs et pour dissimuler les intentions réelles de celui-ci. Ont-ils été dupes ?

Et les concurrents ?

La demande du groupe Tietolman est énoncée presque dans les mêmes termes, mais en anglais :

« *An application for a licence to establish a new French language TV station at Montreal, Quebec, by Radio Station CKVL Limited and United Amusement Corporation Limited, on behalf of a company to be incorporated, on Channel 10, with an effective radiated power of 325 KW (video) and 184 KW (audio); omni-directional antenna; EHAAT 902 feet.* »

Le groupe Tietolman entend donner à sa chaîne le nom de Télé-Montréal, advenant l'obtention du permis, et affecter le populaire animateur de radio et de télévision Roger Baulu au poste de directeur général. Aux audiences du BGR, ce dernier dirige la délégation. Elle est composée de Jack Tietolman, propriétaire de CKVL, du journaliste et animateur-vedette Jacques

Desbaillets, de divers chefs de service de la station de radio, d'officiers de la United Amusement et de l'honorable Gérald Martineau, membre du Conseil législatif du Québec.

Télé-Montréal présente un dossier qui ressemble beaucoup à celui de Télé-Métropole : même type de budget et de structure administrative ; financement assuré par des compagnies aux reins solides ; programmation semblable, avec une visée tout aussi culturelle ; appui d'organismes comme l'Union des artistes (UDA) ou la Guilde des musiciens, le syndicat NABET (Association nationale des employés et techniciens en radiodiffusion, une succursale de l'union américaine). Plusieurs des appuis de Tietolman sont d'ailleurs les mêmes que ceux de l'autre groupe, sauf pour ce qui est des syndicats, car DeSève a plutôt mauvaise réputation dans ce milieu. Beaucoup d'artistes témoignent en sa faveur, dont les comédiens Paul Buissonneau et Jean-Louis Roux, qui est aussi président de la Société des auteurs. Le père Guillemette, qui figure parmi les appuis à Télé-Métropole, dira qu'il est heureux que CKVL lui ait offert la direction des émissions religieuses de sa nouvelle chaîne, mais que sa communauté des Dominicains est prête à offrir le même service au concurrent ! L'expérience de CKVL en information et en divertissement est mise de l'avant comme un atout ; elle détermine aussi le caractère « populaire » de la demande. Les intentions de ce groupe sont claires : il ne veut rien de moins que *beat the CBC*. Par ailleurs, avec des installations à Laprairie, sur la

Rive-Sud de Montréal, il semble un peu coupé de son public cible.

La séance de répliques, deux jours plus tard, n'apporte de neuf que des détails sur la question financière. Rétrospectivement, quand on lit avec attention les dossiers des deux candidats, il semble évident que le groupe L'Anglais avait davantage d'arguments pour l'emporter. Sans compter le fait que L'Anglais avait de solides contacts dans les milieux politiques et que, selon les mœurs de l'époque, on ne voyait pas de mal à ce type d'influence.

Quant aux audiences pour l'attribution d'une deuxième chaîne à Montréal, en anglais cette fois (Channel 12), deux groupes aussi s'opposent, avec les mêmes types d'arguments. C'est le groupe Canadian Marconi, associé à la station de radio CFCF, mise sur pied la première en 1919, qui obtiendra la licence, contre le groupe Mount Royal Independant.

La décision du BGR est communiquée le 22 mars. Les perdants ne l'encaissent pas de bon gré. Dans *La Patrie* du dimanche 27 mars, alors que la décision est connue, le chroniqueur Paul Coucke relate qu'« une guerre des clans est déclenchée ». Jack Tietolman lui-même se tait, mais ses amis et associés n'hésitent pas à parler de « discrimination raciale » (le grand patron de CKVL est juif, et il semble que DeSève, quoiqu'il admire beaucoup le sens des affaires de certains membres de la communauté juive, se soit permis en privé des réflexions jugées offensantes en parlant, par exemple, de son sectarisme en affaires); ils allèguent que «les artistes canadiens sont trahis» et qu'avec DeSève «on ouvre toutes grandes les portes aux artistes français, à l'industrie française de la télévision», évoquant ainsi les coentreprises avec Michel Canello de Telfrance. On reproche au patron de France-Film, à cause de son alliance avec Canadian Concerts and Artists, d'être surtout intéressé à faire venir au Québec des artistes étrangers, ce qui nuirait aux talents locaux. Avec André Ouimet, futur directeur de la programmation, les couteaux volent bas: on souligne que les réalisateurs de Radio-Canada réclamaient sa tête durant leur récente grève, et on pense qu'il ne sera qu'une marionnette dans les mains de son frère Alphonse, et qu'il fera par conséquent de Télé-Métropole une succursale de la société d'État. Surtout, ils reviennent sur l'orientation plus populiste, orientation CKVL, qu'ils avaient avancée: «On parle de qualité avant tout, c'est du populaire qu'il nous faut.» Rétrospectivement, il est plus qu'ironique de lire cette dernière affirmation, qui révèle surtout une méconnaissance de la personnalité de DeSève et de son rôle dans la production québécoise de films 10 ans auparavant. Au fond, tout le monde aurait dû savoir qu'entre ce que DeSève disait au BGR et ce qu'il ferait, il y avait un monde.

La mise en place de Télé-Métropole

Avant même qu'il ne soit question des audiences pour une nouvelle chaîne privée à Montréal, DeSève avait déjà des contacts réguliers avec des gens de

Radio-Canada, dont certains étaient des connaissances de longue date. Par exemple, Roméo Gariépy, photographe professionnel, a travaillé pour lui à compter de 1936, collaborant à divers contrats pour France-Film, Renaissance et Canadian Concerts and Artists. Comme il est *cameraman* à la télévision d'État depuis ses débuts, DeSève l'a pressenti pour venir organiser et diriger le service des caméras. Pour leur part, Jean-Paul Ladouceur, réalisateur de talent, et Maurice Bastien, directeur du Service du film, viennent souvent à sa résidence d'Outremont, où ils travaillent au montage des «Ciné-feuilletons» que DeSève vend à Radio-Canada. Ceux-là feront partie des premières équipes engagées.

Dès que la décision est connue, une frénésie totale s'empare de l'équipe L'Anglais, qu'il convient maintenant d'appeler plutôt l'équipe DeSève, car c'est vraiment lui qui prend les rênes. Il embauche Roland Giguère, directeur de production à Radio-Canada, pour en faire son directeur général. Il engage Robert L'Herbier, vedette de la chanson populaire, qui souhaite relever de nouveaux défis et qui travaillera avec Ladouceur à la programmation. Pour le service des nouvelles, il réussit à attirer Claude Lapointe, journaliste et présentateur-vedette de CKAC, le numéro un des stations privées. Précisons que le nom de la station est CFTM-TV, Canal 10. La compagnie qui le possède et le gère s'appelle Télé-Métropole Corporation. Mais on ne parle déjà familièrement que du «Canal 10», ou encore de Télé-Métropole.

Le 22 août 1960, juste avant que des ouvriers l'envahissent pour le transformer en studio, des dizaines d'artistes du vaudeville et du burlesque se retrouvent à l'Arcade pour la tombée définitive du rideau. Ils s'y remémorent les grands moments de théâtre qu'y ont connus, dès les années 1920, les Henri Deyglun, Rose Rey-Duzil, Juliette Béliveau, les sœurs Giroux, Durand, Jean Després, Pagé, Thibault, Henri Poitras, Juliette Huot, Maurice Gauvin, Jean Duceppe, etc. Il y a beaucoup de nostalgie chez tous ces artisans des spectacles d'une autre époque. Mais disparaîtront-ils vraiment, ces numéros de variétés du National et de l'Arcade? Et leurs artisans seront-ils envoyés au chômage? Seront-ils remplacés par des cours universitaires, les ballets Bolshoï et des concerts de Wilfrid Pelletier? Eh bien, non! Ils connaissent pourtant bien DeSève, mais ses déclarations au BGR, reprises par les médias, peuvent laisser croire qu'il a « viré son capot de bord ». Les artistes ne savent pas encore que leur esprit animera l'essentiel de la programmation de la nouvelle chaîne, car c'est surtout à eux que pense son nouveau grand patron; plusieurs seront bientôt recrutés pour faire du Canal 10 la vitrine de toutes les vedettes du vaudeville, du mélodrame et des sketches comiques qui ont fait rire et pleurer les quartiers populaires depuis un demi-siècle. L'esprit de l'Arcade et du National va connaître une nouvelle fortune, dans tous les sens du mot.

Pendant tout l'automne se poursuivent les travaux de transformation de l'Arcade en studios. On s'affaire à la conception et à la préparation des émissions, à l'embauche des animateurs et des artistes, à l'achat des caméras et de tout le matériel nécessaire. Pendant ce temps, Paul L'Anglais et son jeune associé Gilles Loslier se dépensent sans compter pour vendre les minutes de publicité dont la nouvelle chaîne a absolument besoin pour survivre aux premières semaines d'entrée en ondes. Du grand patron au plus modeste artisan, tous ont conscience d'écrire un nouveau chapitre dans l'histoire des médias au Québec. L'enthousiasme est à son comble ; il apparaît très tôt que rien ne sera plus pareil dans le paysage audiovisuel du Québec. On sait que 72 % des foyers de la région de Montréal, un peu plus de trois millions d'habitants, possèdent un téléviseur, pour un total de 627 000 appareils. Télé-Métropole pourra être captée parfaitement dans un rayon de 80 kilomètres.

La phase de rodage technique débute le lundi 13 février 1961, durant laquelle Télé-Métropole entre en ondes à 20 h 15 chaque soir. On y présente un bulletin de nouvelles de 10 minutes à 20 h 20, rédigé en collaboration avec le quotidien *La Presse*, puis un long métrage, suivi d'un autre bulletin de nouvelles de 10 minutes. Pour les films, le lundi, c'est *Prélude à la gloire* (Georges Lacombe, 1950) ; mardi, *Le portrait de son père* (André Berthomieu, 1953) ; le mercredi, *Maître après Dieu* (Louis Daquin, 1951) ; le jeudi, *La môme vert-de-gris* (Bernard Borderie, 1953) ; le vendredi, *La nuit est mon royaume* (Georges Lacombe, 1951) ; et le samedi, *J'avais sept filles* (Jean Boyer, 1954, avec Maurice Chevalier). Ces films proviennent évidemment tous du catalogue de France-Film, et ils sont des plus aptes à accrocher le public friand de mélodrames, celui que l'on vise avant tout.

Dès le 12 février 1961, des pages de publicité dans les magazines populaires proclament « Du neuf au 10 », slogan qui sera souvent répété dans les mois suivants

et qui inspirera le titre de l'émission de variétés présentée juste après l'ouverture officielle, ce fameux 19 février 1961. Dans la ligne de la collaboration qui a déjà commencé à se refléter dans les bulletins de nouvelles, *La Presse* du 18 consacre à la nouvelle chaîne six pleines pages de publireportage pour en présenter les fonctions clés dans la gestion, les têtes d'affiche qui animeront les principales émissions, le contenu des programmes. Un an auparavant, DeSève et la direction de *La Presse* se faisaient concurrence pour l'obtention de la nouvelle chaîne privée ; désormais, ils collaborent parce que tous deux en tirent des avantages. De la même façon, les artistes qui soutenaient le projet Tietolman-CKVL (les Baulu, Desbaillets, etc.) se rallient de bon cœur à ce nouvel employeur qui ne peut négliger leur compétence.

DeSève avec le maire Jean Drapeau, Robert L'Herbier et Roland Giguère le soir de l'ouverture de la chaîne.

Le 19 février, à 19 h 30, lors de la cérémonie d'inauguration, évidemment télévisée, DeSève est le premier à prendre la parole. Dans un texte que le service de presse a écrit pour lui, mais qui représente quand même ses visées fondamentales, il souligne l'importance du moment:

«Au nom de CFTM-TV, j'ai la tâche délicate, mais non moins agréable, de solliciter de tous les téléspectateurs à l'écoute la faveur de pénétrer dans vos foyers ce soir et tous les jours à venir, et d'y être considéré sinon de la famille, du moins au nombre de vos amis les plus intimes et les plus chers. La cérémonie qui nous réunit en ce moment, chers invités et chers téléspectateurs, a pour premier but de souligner comme il se doit un événement que d'aucuns qualifieront d'historique, mais qui est sûrement d'importance à plusieurs titres. D'abord, parce que l'événement d'aujourd'hui marque la naissance d'une nouvelle entreprise canadienne-française vouée au service des Canadiens français dans une sphère d'activité à nulle autre pareille par la puissance de son influence. D'importance encore, parce que cette mise en ondes du premier poste privé de télévision d'expression française assurera pour la première fois à près de trois millions de Canadiens le choix d'un second programme de télévision en langue française. D'importance, enfin, parce que Télé-Métropole et CFTM-TV constitueront un apport considérable au développement culturel et économique de Montréal et des environs, tant par les nombreux emplois nouveaux déjà créés et à venir, que par la découverte et le développement de nouveaux talents dans tous les domaines; tant par la preuve déjà donnée de confiance en l'avenir du secteur « est » de Montréal que par le nouveau débouché, taillé à leur mesure, que le canal 10 offre à la publicité des maisons d'affaires de Montréal. »

Entre autres remerciements, il ne manque pas de souligner avec humour :

« La société Radio-Canada a aussi droit à une grande part de notre gratitude, et à plus d'un titre. D'abord, pour avoir enfanté la télévision canadienne, il y a déjà plus de neuf ans; ensuite, pour avoir si bien formé tant de spécialistes dont nous avions grand besoin, et de nous les avoir cédés avec une grâce qui, dans certains cas, alla même jusqu'à prévenir nos désirs; enfin, pour nous avoir ménagé une petite place près d'elle sur sa nouvelle tour du mont Royal et avoir accepté notre modeste contribution à ce projet. »

Des représentants de Radio-Canada, dont Gérard Lamarche et Fernand Guérard, beaux joueurs, sont présents pour souhaiter bonne chance à leur concurrent, sans doute avec l'arrière-pensée que les prétentions à la haute culture, avancées lors des audiences du BGR, sont déjà remplacées par le goût de faire « populaire », idéal qui a été depuis longtemps la marque de DeSève. La société d'État ne se sent pas menacée dans ses créneaux.

CFTM-TV permettra de voir ce qui ne marche pas rond à Radio-Canada

Les dirigeants de Radio-Canada sont sur les épines et personne ne peut les blamer. L'entrée en ondes, aujourd'hui, de CFTM-TV marque, pour eux, un point tournant qui pourrait être très désagréable, et beaucoup plus vite qu'on le pense. Car le gouvernement fédéral, les députés et le grand public vont pouvoir faire des comparaisons. Du côté anglais, cela est plus difficile, Radio-Canada et les postes privés puisant abondamment dans la production américaine et britannique, ce qui permet des "explications" assez plausibles. Mais dans le domaine français, CBFT et CFTM-TV se feront la lutte sur un pied sensiblement égal, bien que Radio-Canada, à cause de l'affiliation des postes privés du Québec jouisse d'un avantage marqué : Les deux postes doivent "créer" abondamment. La comparaison sera difficile au début puisqu'il faudra quelques mois à "Télé-Métropole" pour rouler parfaitement et de plus nous sommes déjà à la veille de la période d'été où la télévision ralentit ses activités. Mais à l'automne, ce sera une autre histoire et c'est justement une "histoire" qui inquiète la direction de Radio-Canada. S'il fallait que CFTM-TV soit plus écouté que CBFT-TV et cela avec dix fois moins de personnel, des budgets équilibrés et tout en faisant un profit alors que Radio-Canada coûte $52,000,000 aux contribuables !

Jacques Francœur dans *Dimanche matin*, 19 février 1961.

Le ministre des Transports, Léon Balcer, de qui relève alors la radiodiffusion, représente le gouvernement fédéral ; à cause d'un problème d'automobile, il arrive en retard pour le moment officiel de l'ouverture, mais à temps pour signer le livre d'or. Le premier ministre du Canada a fait parvenir ce télégramme :

« Cher monsieur L'Anglais. L'ouverture du premier poste privé de télévision à Montréal est un événement qui mérite d'être souligné et je suis très heureux d'offrir à cette occasion mes vœux les plus sincères à la direction et au personnel et à tous les artisans de CFTM-TV. Quelques années seulement ont suffi pour que la télévision au Canada devienne une source principale d'information et de saines distractions pour une multitude de Canadiens. Cette constatation suffit à elle seule pour montrer toute la responsabilité qui incombe aux directeurs administratifs, aux réalisateurs et aux comédiens pour bien remplir leurs rôles et assurer le progrès continu de leur œuvre. Votre tout dévoué, John Diefenbaker. »

Le premier ministre du Québec, Jean Lesage, présent aux festivités, rappelle aux administrateurs qu'une station de télévision représente « une puissance énorme, donc une responsabilité énorme », et que celle-ci peut être « soit un instrument de progrès social ou un facteur de décadence ». Jean Drapeau, maire de Montréal, est également de la fête ; il occupera d'ailleurs l'antenne pendant 15 minutes, le jeudi à 19 h, pour communiquer avec les citoyens, dans une émission intitulée *Monsieur le maire*.

Contrairement à ce que dit la plaque dévoilée lors de l'inauguration, le cardinal Paul-Émile Léger n'est pas présent. Il est parti quelques jours plus tôt à Rome pour la préparation du concile œcuménique qui doit bientôt avoir lieu. Le chanoine Laurent Cadieux le remplace; au moment de la bénédiction, DeSève tient lui-même le bénitier du goupillon.

Quelques jours auparavant, DeSève avait déclaré que Télé-Métropole entendait faire découvrir de nouveaux talents. Cela est manifeste dans le grand spectacle d'ouverture, intitulé *Du neuf au dix*, réalisé par Noël Gauvin (un autre ancien de Radio-Canada), qui consiste en un ensemble de numéros de variétés mettant en scène les Réal Giguère, Gilles Pellerin, Juliette Huot, Pierre Lalonde, Claude Vincent, etc., tous des futures vedettes de la chaîne. Pour éviter les erreurs que le trac pourrait provoquer, l'émission a été enregistrée l'avant-veille. Donne-t-elle le ton à ce que sera la programmation future? Il faut bien sûr tenir compte du fait qu'un ton léger s'impose en cette soirée de première, mais les sketches d'humour, la musique western et folklorique, les chansonnettes, etc., formeront l'essentiel des émissions proposées au cours des années suivantes.

Une semaine après l'ouverture, dans sa chronique du *Petit Journal*, Gérald Danis se réjouit de cette apparition dans le paysage audiovisuel: «Eh oui, d'une part, le divertissement populaire commence à faire la pâture de l'initiative privée, alors que la TV d'État, d'autre part, pourra plus librement se vouer à sa mission culturelle, sa véritable raison d'être.» La dichotomie entre culture et divertissement populaire n'a pris que quelques jours pour apparaître. Elle ne disparaîtra jamais…

Dès lors, une guerre aux cotes d'écoute s'engage : comment aller chercher le plus large public ? Radio-Canada n'entend pas changer sa vision et continue à produire des émissions qui entendent plaire au public cultivé et séduire le plus grand nombre, dans le but précis d'augmenter le nombre d'amateurs de grandes œuvres musicales et théâtrales, sans toutefois négliger les drames populaires que ses grands téléromans, comme *Les Plouffe* ou *Le survenant*, ont popularisés. Pour beaucoup de téléspectateurs montréalais, le choix se pose dorénavant – en caricaturant un peu – entre un téléthéâtre présentant un drame de Tchekhov et des sketches garnis de grosse farce et de vaudeville local ; entre *L'heure du concert* et *Jeunesse d'aujourd'hui* avec ses Michel Louvain et Pierre Lalonde ; entre le bulletin de nouvelles racontant ce qui se passe à Ottawa et celui qui présente les faits divers de quartier ; entre le lecteur de nouvelles à l'accent français international et celui qui « parle comme tout le monde » ; entre des gens qui veulent instruire la masse et d'autres qui veulent simplement la divertir. C'est principalement une question de ton, d'atmosphère générale. Il ne faut pas oublier que nous sommes à 15 ans de l'apparition des télécommandes et que le téléspectateur doit se lever de son siège et marcher pour faire tourner la roulette qui lui permet de passer d'une chaîne à l'autre. Dans beaucoup de foyers, la roulette sert peu et l'habitude se prend de ne presque jamais changer de poste.

Cette guerre entre deux visions de la télévision, Télé-Métropole la gagne rapidement. Elle ne tarde pas à voir ses émissions phares se hisser aux premiers rangs des cotes d'écoute. Bien sûr, Radio-Canada conserve ses émissions-vedettes, comme *La soirée du hockey*, à laquelle bien peu de foyers dérogent, son *Music Hall* du dimanche soir, quelques téléromans, etc., mais de plus en plus de gens passeront la plupart de leur temps avec Réal Giguère, Olivier Guimond, Huguette Proulx, Gilles Latulippe, etc.

Il suffit de quelques mois pour que le succès de la nouvelle chaîne se confirme. Dès juin, lors de leur premier affichage dans les cotes d'écoute, les nouvelles de Télé-Métropole, dont le service est dirigé par Claude Lapointe, dépassent les bulletins de Radio-Canada. Bientôt, plusieurs autres émissions se hisseront en tête des palmarès. Roland Giguère résume : « Nous avons démocratisé la télévision. Nos émissions étaient conçues pour plaire aux téléspectateurs et non au directeur de la programmation et à son équipe. »

Rapidement, les craintes au sujet des investissements disparaissent ; dès l'automne de 1961, après à peine neuf mois d'opération, les revenus égalent les dépenses et DeSève n'a plus à y investir davantage. Télé-Métropole devient rentable avant la fin de sa première année d'opération, et ne cessera jamais de l'être. Dès ce moment, il envisage de nouveaux studios et des locaux administratifs plus vastes.

Une fois de plus, un des rêves du p'tit gars de Saint-Henri se réalise. Il est maintenant à la tête d'un petit empire dont les ramifications recoupent presque toutes les formes de spectacles. Il demeure le plus grand distributeur de films en français au Québec. Le St-Denis continue à présenter les plus grands noms de la chanson française, dont les Tino Rossi et Luis Mariano. Il maintient pendant encore quelque temps la coproduction d'émissions de télé avec son partenaire français, Michel Canello. Ses autres compagnies vont bien aussi. Tout cela lui procure une aisance qu'il n'aurait jamais pu envisager à l'époque de son adolescence. Il jouit de la considération de presque tout le monde. De plus, il a autour de lui des associés et amis sur qui il peut se fier et avec qui il peut continuer à élaborer, ne serait-ce que pour le plaisir de le faire, des plans d'affaires mirobolants.

Chapitre 7
LES ANNÉES 1960 ET LA « GRANDE FAMILLE »

Les années 1950 ont été bonnes pour J.A. DeSève. Les années 1960 le sont encore davantage. Il devient le petit empereur des communications qu'il a rêvé d'être depuis 30 ans. Avec l'ouverture de Télé-Métropole, il a accédé au plus grand pouvoir auquel il ait pu rêver. En tant que fondateur, actionnaire très largement majoritaire, décideur suprême, il peut à la fois choisir le personnel dirigeant et définir le contenu de la chaîne de télévision privée la plus puissante au Québec, qui est déjà en train de se constituer en tête de réseau. Il conserve sa mainmise sur la distribution du film en français, et il s'assure de la prospérité de France-Film. Il possède aussi quelques autres compagnies, et il peut intervenir dans la production de films destinés au grand comme au petit écran. Il a toujours le goût d'aventures nouvelles dans le monde des affaires. Il s'est enrichi au-delà de ses rêves les plus fous.

Il a perdu une compagne à la fin des années 1950, mais il vient d'en conquérir une autre. Blanche

Gagnon a à peine 30 ans ; née le 10 décembre 1928, elle s'est mariée à 18 ans avec Roger Mallette, de qui elle a eu rapidement deux enfants, mais le mariage bat de l'aile. Elle est très jolie, extravertie, communicative ; elle démontre beaucoup de personnalité et dégage beaucoup de chaleur.

Blanche Gagnon

Expéditif, DeSève paye son divorce, en fait sa compagne et l'engage à Télé-Métropole, avec un bureau collé au sien, comme assistante particulière aux fonctions indéterminées ; elle est à la fois directrice de cabinet, attachée de presse, chargée de l'agenda, en somme, une sorte d'ange gardien. Elle s'entend bien avec Mlle Thérèse de Grandpré, toujours célibataire, secrétaire de J.A. depuis 1947. Dans les deux résidences, elle joue à merveille le rôle d'hôtesse. À Lanoraie, elle cause allègrement avec les gens, se mêle avec entrain aux danses lors des fêtes et carnavals villageois.

Malheureusement, il ne pourra profiter autant qu'il l'aurait souhaité de sa situation privilégiée. Des problèmes de santé l'affecteront rapidement, et l'emporteront avant la fin de la décennie.

Au printemps de 1964, DeSève subit un accident vasculaire cérébral (AVC) qui le laisse en partie, et provisoirement, paralysé, surtout du visage, et qui cause une aphasie temporaire. Il est absent du bureau pendant quelques mois, le temps de récupérer, mais il n'en travaille pas moins dans l'une ou l'autre de ses deux résidences. Il se sait davantage vulnérable, mais il ralentit à peine ses activités. Il n'a jamais fait de sport de sa vie, le jour n'est pas venu où il se mettra à faire de l'exercice, malgré la recommandation de son médecin. Il se plie tout de même à une diète assez sévère, riche en fruits et légumes, faible en gras. Ce n'est pas facile pour un bon vivant comme lui.

Le père de la « grande famille » de Télé-Métropole

Lors des audiences du Bureau des gouverneurs de la radiodiffusion, DeSève et ses associés proposaient de diffuser de la culture dans un style semblable à celui de Radio-Canada ; ils promettaient, entre autres, de développer de nouveaux talents, formule qui peut inclure un très large éventail de possibilités. Toutefois, ils avaient déjà en tête les grandes lignes d'une programmation tout à fait différente de celle de la société d'État. Il était très facile de leurrer les gouverneurs, majoritairement anglophones et ignorants du milieu québécois du spectacle, sûrement éblouis par la présence, parmi les conseillers, de Gratien Gélinas et de Jean Gascon, qu'ils avaient peut-être vus jouer au Festival de Stratford quelques années auparavant. Le malentendu va se dissiper très rapidement.

« Nous donnerons au peuple ce qu'il veut », promet DeSève le jour de l'ouverture. Cela s'avère dès les premières semaines : pour le nouveau diffuseur, ce que le peuple veut, c'est de la comédie et du mélodrame, les deux mamelles des salles de quartier depuis un demi-siècle. Le télédiffuseur entend poursuivre la tradition ; Télé-Métropole a transformé le théâtre Arcade en studio pour y tourner le genre de spectacles qui y était donné. Désormais, des centaines de milliers de téléspectateurs vont en profiter sans avoir à payer le prix d'entrée. On est loin des téléthéâtres et des soirées de concerts classiques du concurrent. Le grand patron réunit-il souvent le fameux conseil consultatif composé de personnalités prestigieuses du monde culturel qu'il était si fier de présenter au BGR ? On n'en trouve pas de traces ; probablement que DeSève n'y songe même pas et que ces personnes ne s'en offusquent pas trop, prises par leurs engagements et probablement peu étonnées qu'on ne les sollicite plus.

En ce qui concerne le développement promis de nouveaux talents, c'est simple : il existe un grand nombre d'interprètes du vaudeville et du mélodrame, de comédiens et d'humoristes d'un grand talent, jeunes et moins jeunes, qui se promènent partout au Québec dans les salles populaires et dans les bars, que Radio-Canada méprise plus ou moins et n'invite jamais sur ses plateaux. Certains sont déjà de bonnes connaissances de DeSève et de L'Anglais. À côté d'interprètes réputés comme Jean Duceppe et Janine Sutto, Jean Lajeunesse et Janette Bertrand, les oubliés du petit écran comme Olivier Guimond, Manda Parent ou Fernand Gignac, et bientôt, les Gilles

Latulippe et Louise Deschâtelets, prennent une place qui n'avait encore été offerte à personne. Personne ne refuse de venir travailler chez DeSève. L'Union des artistes voit son nombre d'adhérents croître et se réjouit de toutes ces nouvelles possibilités de travail pour ses membres.

Quant aux bulletins d'informations, l'accent est tout de suite mis sur ce qui concerne d'abord les gens: les nouvelles de leur ville, de ce qui les touche de près, les faits divers qui se déroulent dans leur quartier. Surtout, le présentateur Claude Lapointe et les journalistes, souvent débutants, adoptent un ton moins solennel et moins guindé, plus familier que celui de leurs collègues de la télévision d'État. C'est avec ce service de l'information que le Canal 10 remporte ses premières victoires de cotes d'écoute, dans le combat qui l'oppose à Radio-Canada.

Le grand patron s'implique-t-il dans la gestion? Surveille-t-il de près ce qui se passe? Roland Giguère raconte:

«Monsieur DeSève était présent à Télé-Métropole à tous les jours. Je voyais monsieur DeSève à tous les jours, le soir. Vers 5 h, je recevais un appel à mon bureau: "Allô, comment ça va?" "Ça va très bien." "Viens donc, on va jaser." Alors, ça, c'était la rencontre quotidienne que j'avais avec le président de la compagnie, puis je lui racontais ce qui se passait, puis lui, bien, il me disait ce qu'il attendait de la station. [...]

De temps en temps, il disait : "Tel artiste, là, on le voit trop souvent, faudrait qu'il y en ait un autre, là." Il passait aux étages, il allait voir… il passait, il faisait une visite de la station presque à tous les deux jours, il faisait le tour de la station, il disait bonjour à tout le monde, et puis ça a contribué énormément, ça, à la cohésion de l'effort qu'on faisait. »

DeSève peut émettre ses opinions parce qu'il s'impose de regarder son Canal 10 quotidiennement, et il demande à ses cadres d'en faire autant pour être bien au courant de l'offre faite aux téléspectateurs. Il demande aussi l'avis de toutes les personnes qu'il rencontre, y compris ses enfants et petits-enfants, pour prendre directement le pouls du public, se fiant davantage à ce que lui disent des gens simples qu'à ce que dénotent les chiffres officiels. Ainsi, comme il l'avait fait pour les films, il demande leur avis aux gens de Lanoraie qu'il salue avant ou après la messe du dimanche ; il fait de même avec les enfants qu'il croise près de sa résidence.

Roméo Gariépy et d'autres employés se souviennent que, durant ses visites dans les couloirs de la station, il salue tout le monde, tâche de se souvenir de tous les noms, s'informe de leurs proches. Les premières années, alors que le personnel est encore restreint, il fournit à chacun, chaque jour, un coupon pour un repas à la cafétéria, ayant constaté que, pris par le travail, la plupart se contentaient d'avaler de mauvais sandwichs de machines distributrices. Chaque Noël, il tient à ce qu'une grande fête réunisse tous les artisans dans le plus grand des studios ; il distribue plusieurs prix, surtout en argent, qu'il fait tirer au sort parmi les participants. Dans le même temps, tous les cadres et leurs épouses bénéficient d'une grande réception à la résidence d'Outremont, les maris recevant une prime pour leur bon travail sous forme d'argent, les épouses, un bijou de chez Birks. Il voudrait que tous se sentent comme les membres d'une « grande famille », termes qu'il prononce le plus souvent possible. Une « famille » dont il se veut évidemment le père, un bon père, et qu'il traite avec beaucoup de paternalisme.

On comprend alors pourquoi il s'oppose farouchement à toute accréditation syndicale dans ses entreprises. Quand, à l'été de 1960, Patrick Straram lui demande pourquoi il n'y a pas de syndicat à France-Film, DeSève répond simplement qu'il ne veut pas commenter, avant d'ajouter que, dans cette firme, « nous sommes une grande famille » (*Points de vue*, juin 1960). « Un syndicat, c'était mortel pour lui », rapporte Roméo Gariépy. Il n'a jamais aimé partager le pouvoir ; il ne va pas commencer maintenant qu'il peut tout contrôler et modeler l'entreprise à sa guise. Il tolère toutefois ce qu'on appelle un « syndicat de boutique » dès 1963, et il négocie directement avec ses dirigeants, toujours dans un esprit de conciliation familiale, et avec une bonne foi qu'il espère partagée. Le « bon père » traite directement avec de « bons fils », respectueux et soucieux du développement de l'entreprise. Les conventions collectives sont signées rapidement et à la satisfaction de tout le monde. Le modèle perdurera jusqu'à l'accréditation en 1974, mais les négociations ne se feront plus avec la même sérénité après 1968, quand Roland Giguère sera devenu le grand patron.

Quant à la gestion directe de la station, c'est plutôt Roland Giguère, l'assistant de DeSève à la direction générale, qui dirige les opérations au jour le jour, mais il ne prend aucune décision importante sans en parler d'abord au président. DeSève écoute les suggestions et pose toujours beaucoup de questions parce qu'il tient à tout savoir des dossiers ; dans les conversations de corridor, il s'enquiert auprès des chefs de service du fonctionnement de chacun des secteurs. André Ouimet, qui se plie mal à cette discipline, se voit obligé de quitter son poste après à peine un an (il se retrouve finalement à CKAC). Une fois les décisions prises, Giguère doit les communiquer aux intéressés ; ce n'est pas drôle pour lui quand il lui faut signifier un congédiement, par exemple celui de Ouimet, car il doit alors revêtir le costume du « méchant », DeSève tenant à conserver l'esprit de famille… Quand ce dernier croise l'animateur Edward Rémy en 1963, que Giguère a congédié parce qu'il a fondé *Échos Vedettes* en janvier de cette même année en s'alimentant d'une chronique qu'il tenait à Télé-Métropole, il feint l'ignorance et le regret, alors qu'il avait tout décidé lui-même quelques heures plus tôt.

Environ six millions de dollars sont dépensés pendant la première année d'opération du Canal 10, pour la mise en place et le fonctionnement. La rentabilité est rapidement atteinte parce que

Paul L'Anglais et son second, Gilles Loslier, signent rapidement, avant même la mise en ondes, de lucratifs contrats avec les plus grandes compagnies. Pendant quelques années, ils aguichent les dirigeants en les invitant à de somptueuses réceptions sur un luxueux bateau de croisière, le *Five C'S*, que la famille Maytag avait donné à une université américaine :

« Il valait un million, raconte Loslier, un bateau de 100 pieds. On le louait, trois semaines à Montréal, une semaine à Toronto, deux semaines à New York, L'Anglais une semaine et moi l'autre ; puis on invitait la clientèle à des réceptions sur ce bateau, jusqu'à une cinquantaine de personnes. On les invitait le midi,

L'anniversaire du propriétaire de CFTM - TV

MONSIEUR J. A. DESÈVE, PRÉSIDENT DE TÉLÉ-MÉTROPOLE CORPORATION, CFTM-TV, canal "10", à Montréal, a célébré son anniversaire de naissance en compagnie de tous les employés du "10". On le voit coupant le gâteau représentant un énorme "10". Son assistant, Monsieur Roland Giguère, et le vice-président Paul L'Anglais l'encouragent gaiement. En plus de cette dégustation de gâteau, une réunion du personnel avait précédé où Monsieur DeSève faisait part des prochaines innovations et expansions au sein de CFTM-TV.

Les trois têtes dirigeantes de Télé-Métropole en 1964.

243

puis on faisait quelques kilomètres sur le fleuve Saint-Laurent ; à Toronto, on restait au port ; à New York, on naviguait sur la rivière Hudson. DeSève était là avec madame Blanche Gagnon, j'étais avec ma femme. »

L'Anglais a déjà dans son carnet d'adresses les plus gros clients, les brasseries, les producteurs de cigarettes, les supermarchés d'alimentation, etc. Loslier imagine une formule qui plaît beaucoup à DeSève et qui fera beaucoup de petits, celle du « Cinéma Kraft », selon laquelle un seul commanditaire occupe une longue plage horaire pendant toute une année : « Je me servais des films de France-Film ; France-Film vendait ses longs métrages à TM en faisant un profit, et TM vendait au client en faisant aussi un profit. J'étais fier de mon coup, car c'était le plus gros contrat de la première année ; et ça a beaucoup marché. »

Mais les profits sont aussi assurés grâce à une surveillance constante de toutes les dépenses. En cela, J.A. excelle parce qu'il connaît la valeur des choses. Il peut sembler un peu radin parce qu'il exige de tous les chefs de service qu'ils lui rendent des comptes précis, mais c'est parce qu'il a horreur de tous les dépassements budgétaires et qu'il craint toujours de se faire flouer, ne serait-ce que de quelques dollars. Par ailleurs, et c'est un des nombreux paradoxes du personnage, il a toujours quelques centaines de dollars dans la petite poche de son gilet, billets qu'il peut prêter ou donner à son gré. Du paternalisme à l'état pur ! Pour réaliser des économies tout en donnant du prestige et des décors spectaculaires à certaines émissions, il en fait tourner des épisodes estivaux sur son bateau ou autour de la piscine de son domaine de Lanoraie; et c'est ainsi que les jeunes villageois peuvent rencontrer en chair et en os, sur ces plateaux improvisés, les grandes vedettes de *Jeunesse d'aujourd'hui*, les Pierre Lalonde, Michèle Richard, Joël Denis, Donald Lautrec, Tony Roman, etc. Pour ces artistes, c'est l'occasion de passer plusieurs heures dans un endroit agréable, et de fraterniser avec le grand patron.

Pendant ce temps, à France-Film…

Si Télé-Métropole occupe la plus grande partie des préoccupations de DeSève, il n'en néglige pas pour autant les autres compagnies, surtout France-Film qui, maintenant reléguée à un rôle de second quant à son importance économique, n'en demeure pas

Lucien Hamelin, Jean Roy, Jean-Claude Lord, Georges Arpin, J.A. et Pierre Patry lors de l'entente pour *Trouble-fête*.

245

moins une source de revenus stable. Dans sa salle de projection, chez lui, à Outremont, DeSève continue de visionner en primeur les nouveaux films, le plus souvent avec des cadres de ses compagnies, afin d'évaluer leur potentiel commercial, son principal critère. Ainsi, il confie à Patrick Straram en interview qu'il ne prendra pas *Pickpocket* de Robert Bresson, qui vient de gagner un important prix de la critique, parce que c'est un film pour Radio-Canada. Quand des exploitants viennent pour acheter des films, il les projette lui-même et demeure dans la cabine de projection pour épier leurs réactions et ainsi orienter les négociations selon l'humeur qui les anime au moment du visionnement. Le fidèle Georges Arpin gère les activités au quotidien. La censure s'assouplissant en 1961, France-Film a de plus en plus de liberté dans le choix des productions françaises populaires qu'elle met à l'affiche. Dans la distribution, plusieurs concurrents spécialisés lui ravissent désormais une partie du marché, certains se chargeant du cinéma de répertoire, d'autres, des films à tendance érotique. Elle conserve toutefois sa première place dans ce secteur de la distribution.

Dans l'exploitation, France-Film s'en tire bien aussi. Après la saignée qui a suivi l'arrivée de la télévision, la clientèle est maintenant stabilisée. Il faut dire que le *baby-boom* a fait croître rapidement la population du Québec et qu'une nouvelle génération de jeunes prend plaisir à découvrir le grand écran. Pour ajouter de l'éclat à sa programmation et pour mieux faire connaître les nouveautés, France-Film organise encore quelques Semaines du cinéma français.

Si DeSève ne songe plus à de grandes aventures dans la production, il n'a toutefois pas abandonné son nationalisme, et son penchant pour une production locale est toujours présent. C'est pourquoi il accueille favorablement Pierre Patry, qui vient de réaliser *Trouble-fête* avec Cooperatio, coopérative informelle où lui et des copains cinéastes mettent en commun leurs maigres ressources, leurs talents et leur goût d'un cinéma d'auteur. Au cours d'un entretien qu'il m'accorde le 17 août 2006, Patry raconte :

« Au début, on ne voulait pas aller chez [DeSève], à cause de sa réputation de requin de la finance, on avait peur de se faire avoir ; un camarade de l'ONF m'a même dit que je me prostituais en allant chez France-Film. Mais on savait que c'était la meilleure chance possible pour le film, car on était assuré d'une bonne distribution et d'un placement dans tout un réseau de salles du Québec. Je suis donc allé voir Georges Arpin d'abord, lui montrant le film déjà terminé et prêt pour la mise en marché. J'ai été très bien accueilli ; il a aimé *Trouble-fête* et il m'a recommandé à DeSève. Le film a été lancé au St-Denis le 20 mars 1964. On a eu une grande première, DeSève a mis le paquet : limousines, beau programme imprimé, le maire Drapeau nous reçoit à souper au restaurant Hélène de Champlain [qui appartenait alors à la Ville de Montréal], un gros lunch pour tout le monde. Le film est sorti au St-Denis et au Bijou ; tout marchait très bien, mais il a été retiré du St-Denis après trois semaines parce que la salle était déjà *bookée* pour le Théâtre de France de Jean-Louis Barrault et Lyne Renaud. À l'époque, les gens ne savaient pas très bien gérer le succès. Le film a quand même connu une belle carrière dans la plupart des villes. »

DeSève n'a pas fini de surprendre Patry :

« Je travaillais encore à l'ONF. Il m'a proposé de devenir le coordonnateur de ses réalisateurs du Canal 10. Il me demande combien je gagnais, je lui dis 9 500, alors que c'était juste 4 000. Il me dit que c'est bien trop payé pour faire ce que je fais. Il m'offre 10 000, mais je savais que la vraie *job* n'était pas de coordonner, mais de remplacer un réalisateur quand il est absent ou malade. J'ai refusé, mais on est restés bons amis quand même. »

Peu après, le cinéaste reçoit un téléphone de Mlle de Grandpré qui lui demande, au nom de DeSève, s'il pense aller au Festival de Cannes cette année-là. Il lui répond qu'il est trop pauvre pour ça. « Ah bon, dit-elle, c'est qu'il y a ici des billets pour vous. » « Il m'a envoyé à Cannes et a payé toutes les dépenses ; j'en suis tombé sur le cul. »

La collaboration se poursuit pour les autres films de Cooperatio, France-Film fournissant à quelques reprises une avance sur la distribution de 10 000 ou de 15 000 $ pour dépanner les équipes au moment du tournage, mais il est entendu qu'elle sera la première à être remboursée à la sortie des films. Tout se règle tôt le matin, au moment du petit-déjeuner, à la demande de Mlle de Grandpré, qui informe le réalisateur que DeSève l'apprécie beaucoup et que c'est à ce moment qu'il préfère le rencontrer. Patry raconte encore :

« J'étais gêné de cogner à la porte. C'était impressionnant, car il avait un majordome, il était bien servi. Il me recevait en robe de chambre. "Tu vas déjeuner avec moi." Ça a duré une couple d'années. Quand j'avais besoin de le voir, j'allais chez lui comme ça. On passait une heure, une heure et demie ensemble ; on prenait le petit-déjeuner ; puis, dans son salon, il s'assoyait un peu allongé sur son grand divan ; il voulait se tenir au courant : "C'est quoi, tes projets ?…", mais il n'intervenait pas dans mon travail. Il n'a jamais demandé à lire les scénarios ; il disait : "Raconte-nous ça." Lui et Georges Arpin n'ont jamais demandé de changements.

Je suis devenu presque affectueusement son protégé. Il m'a aimé parce qu'il trouvait que je me défendais bien devant lui. Il ne m'a jamais refusé un rendez-vous. Il admirait le courage de ma *gang* qui risquait tout pour faire des films. Il avait une façon de montrer comment travailler. Il m'a inspiré d'être rigoureux, parce qu'il l'était dans les contrats. Vingt ans après, j'ai encore reçu des chèques pour *Trouble-fête* à cause de contrats de télévision. »

DeSève, dans son désir de soutenir l'équipe, ira même jusqu'à lui offrir, pour la scène de *La corde au cou* tournée sur un bateau, d'utiliser son FRANC-BEC à Lanoraie. Lors d'un autre tournage, il prête sa maison d'Outremont. Il est tout heureux d'assister au travail du réalisateur. « Il était là, mais il ne dérangeait pas. Il a été très gentil. Un jour, il s'aperçoit qu'il est huit heures du soir et que personne n'a mangé ; il ordonne alors à sa cuisinière de commander du St-Hubert BBQ pour 35 personnes, et il paye le tout. » Pour Patry, ces anecdotes résument la personnalité paradoxale de l'homme d'affaires : d'un côté, il fait signer des contrats qui laissent peu de chances à Cooperatio de se développer ; de l'autre, son paternalisme le rend généreux.

La convergence et *Pas de vacances pour les idoles...*

DeSève a toujours aimé l'interaction entre ses compagnies, ce qu'on appelle maintenant la convergence. Une belle occasion se présente en 1965. Denis Héroux, jeune diplômé d'histoire qui a coréalisé, à l'Université de Montréal, *Seul ou avec d'autres* (avec Denys Arcand et Stéphane Venne), puis, en solo, *Jusqu'au cou*, vient lui proposer un film populaire mettant en vedette Joël Denis. Ce dernier (de son vrai nom Denis Laplante) est une des jeunes vedettes de la chanson populaire que l'émission *Jeunesse oblige* de Télé-Métropole a déjà consacrées. Comme Pierre Patry, Héroux rencontre DeSève à sa résidence du chemin de la Côte-Sainte-Catherine lors de petits-déjeuners, et l'hôte lui demande simplement de lui raconter ce qu'il veut filmer ; puis il s'amuse à jouer ce que le scénariste lui narre, suggérant des gestes non prévus au scénario. Convaincu, DeSève engage France-Film dans le projet pour un montant de 15 000 $, soit le quart du budget, en échange des droits de distribution. Comme il entend projeter le film dans ses salles, il ne court aucun risque financier et le producteur y trouve un grand avantage, car les conditions sont meilleures qu'avec un autre distributeur. L'accord établi, DeSève laisse l'équipe entièrement libre de fabriquer le film à sa façon. Héroux avait imaginé le récit avec la collaboration de son camarade historien Noël Vallerand, joyeux luron comme lui (et futur ministre des Affaires culturelles). Ensemble, ils ont conçu l'histoire d'une

Cette publicité ne mentionne pas le nom du réalisateur (Denis Héroux, bientôt célèbre pour *Valérie…*).

vedette de la chanson qui sera prise, malgré elle, dans une histoire de trafic de drogue. Le récit ne manque pas de piquant : Michel (Joël Denis), jeune chanteur, travaille comme serveur et fantaisiste dans un club, mais il en est congédié. Son colocataire intellectuel, Hector (un Albert Millaire barbu), l'invite à la fête de graduation de ses élèves. Michel initie alors ceux-ci à une nouvelle danse et se lie d'amitié avec un petit groupe qui l'aide à enregistrer un premier disque et à le faire jouer à la populaire station de radio CJMS. Il devient instantanément une grande vedette, courtisé par Télé-Métropole qui lui propose de participer à une émission en compagnie d'une jeune starlette, Sophie (Suzanne Lévesque), pour qui il a le coup de foudre. Le couple d'amoureux attire alors l'attention d'un riche imprésario d'origine allemande lié à la pègre, trafiquant de drogue, qui les emberlificote avec des promesses de tournée internationale et qui transforme finalement Michel en porteur d'une valise remplie d'héroïne à destination de Toronto. C'est finalement Hector qui tire la vedette d'affaire, aidé d'une secrétaire insatisfaite de son travail chez l'imprésario. Le tout se termine par la réunion du couple-vedette, par le triomphe de Michel et par le mariage de Hector et de sa nouvelle amoureuse.

Comédie musicale sur fond d'historiette policière extravagante, centrée sur Joël Denis, un chanteur à mettre en vedette, plutôt que sur une bonne histoire, *Pas de vacances pour les idoles* ne renvoie à rien d'autre qu'à ses chansons, à ses danses et à la mode dont celles-ci constituent une représentation ponctuelle.

252

En 1965, les Beatles occupent tout le champ de la musique populaire et, comme le dit Héroux en faisant allusion au *Festin des morts* de Fernand Dansereau qu'on vient de voir à la télévision : « Les Beatles, ça se vend mieux que les Hurons et les missionnaires. » Tout, dans le film, est cabotinage ; la mise en scène est minimaliste, la caméra se contentant d'être bêtement là devant les comédiens. Le reste du récit s'articule d'une façon plutôt maladroite autour de quelques clichés éculés : l'intellectuel barbu aux allures

En septembre 1965, inauguration de nouveaux studios, en présence du lieutenant-gouverneur Paul Comtois.

d'impuissant qui bat finalement tous les méchants aux poings, des bandits d'opérette avec un chef gueulard au faux accent allemand, une starlette « sois belle et tais-toi » comme il ne s'en fait plus depuis 1940, une grosse brute qui déchire des annuaires téléphoniques de Montréal à mains nues, des situations invraisemblables desquelles les héros se tirent d'une façon encore plus irréelle. Tout est conçu pour plaire aux adolescents… et ça marche.

Pas de vacances pour les idoles représente surtout un sommet de «convergence» comme l'aime DeSève. Télé-Métropole fournit ses studios pour une partie du tournage; le film met en scène une de ses vedettes, et elle en fait ensuite un marketing très efficace, contre rétribution, bien sûr (800 $ le message publicitaire); de plus, elle paye deux fois moins cher que Radio-Canada pour les droits de télévision. Évidemment, c'est France-Film qui distribue le film et le met à l'affiche dans son réseau de salles, en plus de le vendre dans des salles qui n'en font pas partie. Le film sort le 15 octobre 1965, au St-Denis comme il se doit, accompagné de *60 cycles* de Jean-Claude Labrecque. La critique est mitigée, même mauvaise au *Journal de Montréal* (16 octobre), et certains iront même jusqu'à dire qu'«heureusement, il y avait le film de Labrecque au programme». *Pas de vacances pour les idoles* est également projeté au Bijou, une mauvaise salle selon Héroux, de sorte que le film n'obtient pas à Montréal tout le succès espéré. Selon le *Journal des Vedettes* (16 avril 1966), il aurait eu quand même 300 000 spectateurs dans l'ensemble du Québec; le prix d'entrée moyen est alors de 2 $. On le salue comme le premier film québécois vraiment «commercial» depuis les réalisations du tournant des années 1950. La station de radio CJMS (se souvient-on qu'elle a été fondée par l'abbé Charles-Émile Gadbois, l'apôtre de la Bonne Chanson et que l'acronyme signifie «Canada, je me souviens»?), une des plus populaires, collabore à la campagne publicitaire en échange de placement de produit à l'intérieur du film. Et voilà, encore une fois, comment un habile financier comme DeSève se retrouve gagnant sur tous les fronts !

Mécénat pour des institutions culturelles

La collaboration se poursuit aussi avec Canadian Concerts and Artists, qui fait venir des pièces de théâtre jouées par de grandes troupes européennes comme celle de Barrault-Renaud, des orchestres, des opéras, de grands solistes, de grandes troupes de ballet d'Europe surtout. Les spectacles ont évidemment lieu au St-Denis, mais aussi à la nouvelle Place-des-Arts, et parfois au Forum de Montréal pour des concerts plus populaires. DeSève persiste dans cette veine par amour de la musique, même si l'activité est parfois déficitaire : « J'ai perdu récemment 40 000 $ avec l'opéra », confie-t-il à Patrick Straram en 1960.

Son mécénat s'étend aussi à d'autres institutions culturelles, dont le Musée des beaux-arts de Montréal, dont il devient un des gouverneurs. Dans les salons de sa maison d'Outremont sont suspendues des toiles de plusieurs peintres québécois. En août 1963, à la suggestion d'André Bachand, adjoint au recteur de l'Université de Montréal, d'imiter certains hommes d'affaires américains ou canadiens-anglais en créant une « chaire » ou en subventionnant des conférences prestigieuses, il s'engage à fournir 2 000 $ par année pendant cinq ans pour participer au développement du programme de littérature canadienne à la Faculté des lettres. Dans sa lettre, il insiste pour que son don serve à « la littérature canadienne *d'expression française* ». L'homme est conséquent avec ses engagements de toujours. Ainsi naissent les Conférences J.A. DeSève qui, en cinq ans, organisent 14 activités littéraires, dont les principaux exposés sont ensuite publiés en fascicules puis rassemblés en un ouvrage de référence.

Le magazine *Actualité*

Après le cinéma et la télévision, pourquoi ne pas ajouter une division magazines à ses activités? se dit DeSève. Il connaît déjà la revue *Actualité* que publient les Jésuites, et il sait qu'elle survit de peine et de misère. Elle est née du bulletin *Ma paroisse* de l'église Immaculée-Conception de Montréal, que le père Jean-Louis Brouillé a transformé en mensuel en janvier 1960. Elle se veut « une solution positive au problème de la presse jaune » et se définit comme « le magazine familial, paroissial et national des Canadiens français ». Parmi ses collaborateurs, elle compte des noms bien connus comme Louis-Martin Tard, Paule Daveluy, Marcel Marcotte, Louis Chantigny, Ambroise Lafortune, Marcel Dubé, mais aussi des jeunes comme Jean Paré, Robert Daudelin et Louis Fournier. Sa mission, en quelque sorte, est de constituer un volet grand public de la sérieuse revue *Relations* que les Jésuites publient aussi depuis 1941. Son tirage – intéressant – frôle les 100 000 exemplaires, bien qu'elle ait un concurrent, *Le Magazine Maclean*, petit frère du *Maclean's* (en anglais) que la firme torontoise Maclean-Hunter a mis sur le marché en 1961, avec un comité de direction entièrement québécois sous la direction de Pierre De Bellefeuille, jeune intellectuel de gauche et futur député du Parti québécois. Que des Torontois veuillent prendre la place du seul magazine populaire à grand tirage possédé par des Canadiens français et faisant la promotion de valeurs auxquelles croit DeSève agace fortement ce dernier. Brouillé raconte en 1968 (numéro d'octobre) :

« Ce magazine avait à ses yeux une valeur de prestige qui viendrait complémenter en beauté son œuvre. C'est dans cet esprit que des pourparlers furent entrepris, il y a deux ans, avec la Maison Bellarmin, propriétaire du magazine. M. DeSève s'offrit à partager avec nous les responsabilités de la publication. Non seulement il investit lui-même une somme considérable mais, bien plus, il invita un ami personnel, René Paré, président de la Société des Artisans, à intéresser son conseil d'administration à ce projet. Les Artisans consentirent et Actualité Magazine Inc. commença d'exister le 1er mars 1967, à titre de compagnie formée de trois partenaires : les Jésuites de la Maison Bellarmin, les intérêts J.A. DeSève et la Société des Artisans. »

En fait, la nouvelle compagnie est ainsi composée : les Jésuites conservent 50 % des actions, et DeSève et les Artisans en obtiennent chacun 25 %. Au conseil d'administration, à côté de quelques jésuites dont Brouillé et le célèbre Jacques Cousineau, DeSève préside et ses associés Paul Poulin, Roland Giguère et Georges Arpin détiennent les postes clés. Brouillé demeure le rédacteur en chef, car les partenaires ont accepté que les Jésuites demeurent responsables du contenu éditorial. Cet investissement n'est pas en soi une mauvaise affaire, mais c'est avant tout par idéologie religieuse et pour aider les Jésuites que DeSève se lance dans cette aventure. Son nationalisme culturel a trouvé là une autre façon de s'affirmer. « Faut que ça marche, *Actualité*, dit-il, c'est une affaire en or ; c'est tout ce qui reste aux Canadiens français dans le marché des magazines. Il faut que ça devienne un grand magazine. » Il confie alors à Gilles Loslier, un des experts du marketing à Télé-Métropole, le mandat de mieux positionner le magazine dans le marché. Fidèle à son habitude, DeSève suit le dossier de près : « Pas une journée ne se passait sans qu'il nous appelât pour vérifier le pouls du magazine », écrit Brouillé. Dans les nouveaux locaux de la rédaction, que l'on retrouve sans surprise dans l'édifice de France-Film, Télé-Métropole et autres compagnies affiliées, au 1405, boulevard de Maisonneuve, avec un personnel renouvelé, *Actualité* entre en phase de croissance ; en janvier 1968, le magazine affirme avoir 125 000 abonnés.

Mais après le décès de DeSève, sa succession bloque les entrées de fonds, et les Artisans se retirent à leur tour. Les Jésuites demeurent seuls et ils ne veulent pas assumer tous les frais de ce magazine qui, bien que sage dans son contenu, n'a plus pour objectif la diffusion du message chrétien. Trois mois plus tard, en décembre 1968, ils vendent la revue à Clément et Gérard Veilleux, deux Beaucerons établis à Drummondville dans l'imprimerie, l'édition et autres entreprises. Le magazine tire alors à 111 000 exemplaires. Comme DeSève l'a déjà dit de manière semblable, les Veilleux affirment alors : « Le milieu nous a permis de nous enrichir, nous nous devons de promouvoir des entreprises de chez nous qui favorisent l'enrichissement de la communauté canadienne-française. » Brouillé s'en réjouit dans un éditorial paru en janvier 1969 : « Le Québec de demain sera maître de son destin si les générations actuelles préparent plutôt des frères Veilleux que des semeurs de bombes. » Brouillé tire sa révérence en décembre 1972. En 1974, le magazine connaît de sérieux problèmes financiers. En septembre 1976, Maclean-Hunter l'achète pour 100 000 $ et le fusionne avec *Le Magazine Maclean* pour en faire *L'Actualité*. Comme on dit familièrement, DeSève a dû se retourner dans sa tombe lorsqu'une entreprise culturelle québécoise à laquelle il avait cru et collaboré est passée dans les mains d'une grande entreprise torontoise.

Un dernier projet, le plus grandiose

En 1967, J.A. DeSève rêve d'une grande cité des arts à Montréal. Homme d'affaires et mécène, il projette de doter Montréal d'un ensemble de salles qui pourraient offrir des services diversifiés pour toutes les formes de spectacles. Il aimerait offrir aux artistes et aux promoteurs une grande salle qui serait l'équivalent de la prestigieuse salle Wilfrid-Pelletier de la Place-des-Arts et qui pourrait accueillir, en plus de grands concerts classiques et d'opéra, des grandes vedettes de la chanson comme Yves Montand ou Gilles Vigneault. Elle serait entourée de salles plus modestes où l'on pourrait présenter des films, des pièces de théâtre, du vaudeville, des spectacles de chansonniers, des revues musicales. En cette époque de la fameuse Expo 67, les boîtes à chansons attirent leur lot de spectateurs, mais elles ne peuvent satisfaire à la demande. Montréal manque de petites salles pour le théâtre nouveau et pour la nouvelle génération d'humoristes, deux secteurs en pleine émergence. On n'a pas encore commencé à diviser les palaces du cinéma pour en faire de plus petites salles. Ce projet visionnaire comblerait donc un vide qui se fait de plus en plus sentir. Il assurerait aussi des bases solides de continuité pour France-Film.

Peu avant son décès, la fatigue se lit dans ses traits.

À l'automne de 1967, des architectes planchent sur le projet. Comme France-Film possède déjà plusieurs terrains jouxtant le théâtre St-Denis, c'est sur cet emplacement que la « cité des arts » trouverait son lieu naturel, d'autant plus que le quartier possède une longue tradition artistique et que les salles se retrouveraient juste au-dessus de la jonction des trois lignes de métro existantes. Dès le printemps de 1968, des ébauches sont apportées. Il s'agit rien de moins que de jeter par terre le St-Denis vieillissant et de repartir à neuf en construisant des salles polyvalentes à la fine pointe de la technologie. DeSève songe sans doute que les installations pourraient servir aussi à la captation de grands concerts et à la production d'émissions pour Télé-Métropole.

Pour J.A. DeSève, la réalisation de ce complexe des arts marquerait l'apothéose de sa longue carrière de promoteur et de diffuseur de produits culturels. La mort le fauche avant qu'il n'ait pu amorcer la réalisation concrète du projet. Il n'est pas encore enterré que Roland Giguère, moins aventureux et qui en a plein les bras avec les autres compagnies, décide de tout arrêter. Il préfère assurer le développement de Télé-Métropole, dont il devient alors le grand patron.

Chez France-Film, l'idée n'est pas complètement abandonnée, mais elle ne se concrétisera que partiellement. Sous la direction de Georges Arpin, puis sous celle de Pierre René, deux salles de modestes dimensions sont ajoutées au St-Denis dans les années

1970 et la salle principale continue à offrir du cinéma en plus de certains spectacles musicaux. Dans les années 1980 et 1990, le St-Denis devient de plus en plus le lieu où sont présentées les grandes comédies musicales qui font les beaux jours des grandes salles d'Europe ou de Broadway (*Cats*, *Les misérables*, *Starmania*, *Notre-Dame de Paris*, etc.). Au milieu de la décennie 1990, en plus de projets similaires, France-Film construit juste à côté du St-Denis, lequel n'est désormais consacré qu'aux spectacles musicaux ou d'humour, le complexe de 18 salles du Quartier latin, qu'elle loue à Cineplex-Odeon pour y projeter des films. Au bout du compte, on n'est pas très loin de ce qu'avait été le rêve de 1967.

Chapitre 8
LA FIN

Depuis plusieurs années, J.A. DeSève sait que son cœur peut le lâcher. Il n'oublie pas que son père est mort à 55 ans d'une crise cardiaque et que trois de ses frères sont décédés avant d'atteindre l'âge de 60 ans. Il se considère chanceux d'avoir dépassé les 70 ans, mais il se sait fragile. Depuis son AVC de 1964, il suit un régime contenant peu de viande et beaucoup de fruits et légumes pour garder la meilleure forme possible. Mais c'est tout. Il n'aime pas penser à sa santé et il cherche à éviter le sujet quand on lui en parle. Comme à peu près toutes les personnes âgées, il a cette forme de pensée magique qui lui fait présumer que les malaises vont passer et qu'il se rétablira tout à fait dans quelque temps. Son médecin lui a conseillé de se ménager, de prendre enfin les longues vacances qu'il ne s'est jamais accordées, mais il ne le fait pas. Il diminue à peine son rythme de travail et cherche toujours à s'occuper. Il pourrait se retirer progressivement et profiter davantage de son domaine de Lanoraie, consacrer plus de temps à jardiner ou encore prendre le large pour de plus longues distances sur son FRANC-BEC en compagnie de sa jeune maîtresse, mais il ne peut s'empêcher de se mêler de tout, de se tenir au courant de tout ce qui se mijote dans les diverses compagnies qu'il contrôle.

Durant l'été de 1968, tout se passe normalement. Il continue à se présenter régulièrement à son bureau de la rue Maisonneuve. Dans la résidence d'Outremont, il aime recevoir ses filles et ses petits-enfants. Il occupe une partie de ses soirées à préparer des films pour leur diffusion à la télé (quand on programme un long métrage de deux heures dans une plage horaire de même durée, il faut automatiquement en retrancher au moins 12 minutes par heure pour la publicité ; c'est tout un art que de savoir quoi enlever pour que ça ne paraisse pas trop) ; il le fait par pur plaisir, car il pourrait laisser ce travail à un technicien. Les fins de semaine, il prend du bon temps à Lanoraie. Il se permet de temps en temps de venir du village à Montréal avec le FRANC-BEC, qu'il accoste à la marina de l'île Sainte-Hélène, construite à l'occasion de l'Exposition universelle de l'année précédente.

Le mardi 3 septembre, dans la soirée, J.A. DeSève décède d'une crise cardiaque à l'Hôpital Notre-Dame, où il était hospitalisé depuis quelques jours à la suite de malaises. Son cœur flanche, et les médecins ne peuvent réanimer ce cœur trop usé, impossible à réparer avec les techniques de l'époque. Presque jusqu'à la fin, il discute d'affaires avec Roland Giguère, sans le mettre au courant de la gravité de son état.

Il a les mêmes réserves avec ses deux filles, qui viennent le voir sans se douter qu'elles échangent avec lui leurs dernières paroles.

À Télé-Métropole et chez France-Film, dès le mercredi matin, la nouvelle se répand comme une traînée de poudre. Personne ne l'avait vue venir. Une grande émotion règne chez les cadres qui le côtoyaient presque chaque jour, mais aussi chez tous les techniciens et artisans qui l'ont maintes fois croisé dans les corridors et qu'il saluait par leur prénom ; ils savent qu'ils lui doivent l'existence de cette institution où ils exercent un métier des plus valorisants ; ils devinent que les nouveaux patrons n'auront pas la même attitude, que l'aspect «familial» de l'entreprise va se transformer.

Décès du président de France-Film et de Télé-Métropole

La Presse, 4 septembre 1968.

À la une ou dans les premières pages (sauf *The Gazette* qui n'en parle que dans la section nécrologique, en page 49), tous les journaux et hebdomadaires signalent le décès de J.A. DeSève et y vont d'un éloge souvent dithyrambique du disparu. Il faut dire que la plupart reproduisent presque mot à mot le communiqué que les entreprises DeSève ont émis et qui expose la petite légende construite avec le temps au sujet de l'enfance et des premières années de DeSève dans le monde des affaires. Il n'y a qu'André Lecompte d'*Échos Vedettes* qui met un bémol en rappelant l'époque moins glorieuse de Renaissance Films inc. Ce qui ne manque pas d'étonner plusieurs observateurs, c'est qu'on ne trouve dans les articles, à une exception près, dans un entrefilet, aucune mention de liens familiaux, qu'il s'agisse d'une épouse, d'enfants, d'une compagne, de frères et sœurs. Nulle part, on n'utilise la formule « Il laisse dans le deuil… »

Au Canal 10 même, au lendemain du décès, c'est le chroniqueur Alban Flamand, avocat à la verve flamboyante, qui est chargé de l'éloge funèbre :

« Le grand patron… est parti.

Dès hier soir, au plein milieu du programme des nouvelles de dix heures quarante-cinq, quand est arrivé ce bout de papier qui annonçait en bulletin spécial le décès de monsieur J.A. DeSève, vous avez certainement entendu dans la voix même de notre ami Roger Gosselin la vibration d'une émotion profonde.

J'ai, à midi, rencontré un réalisateur du Canal 10 qui m'a dit avoir vu cette même émotion partout chez les employés de Télé-Métropole.

Je n'ai pas besoin, je pense, d'ajouter qu'à l'audition de cette triste nouvelle, hier soir, j'ai moi-même ressenti la sensation d'un départ, d'une perte.

N'allez surtout pas penser que cette tristesse éprouvée par tous les gars du Canal 10 et que cette minute de silence de tantôt à *Télé-Métro* ne sont que le théâtre égoïste d'une sentimentalité un peu vieux jeu.

Monsieur J.A. DeSève, que nous appelions « Le grand patron » et jusqu'à, plus intimement, « Dieu le père » dans notre famille du Canal 10, avait certes certains côtés désagréables qui sont essentiels à tous les grands maîtres de l'industrie et de la finance.

Il était, pour l'exemple, exceptionnellement exigeant de travail et de collaboration.

Il n'a jamais admis, car il ne pouvait pas admettre, qu'aucun employé, si minime d'importance soit-il à son Canal 10, n'apporte la totalité de son dévouement et de son enthousiasme.

Il demandait tout autant, chacun dans leur domaine, à ses laveuses de planchers qu'à son gérant général.

Tout simplement parce que lui-même y mettait, sans aucune arrière-pensée ni retenue, la totalité de ses moyens, de sa bonne foi, de son travail.

On a pu, peut-être, à l'occasion des quelques fois que nous l'avons entendu sur son petit écran, sourire quand il disait que si le Canal 10 était arrivé jusqu'au succès, c'était parce que le Canal 10, c'est une grande famille.

Mais, si ridiculement sentimental et si sentimentalement ridicule que ça pouvait paraître, c'était vrai.

Et si, aujourd'hui, jusque dans nos chansons, jusque dans nos music-halls, jusque dans nos rires résonne une tristesse, c'est peut-être tout simplement parce que nous-mêmes ne l'avons jamais su si brutalement que depuis hier soir, que nous sommes une famille.

Comment voulez-vous, pour un autre exemple, que je ne fasse pas aujourd'hui la comparaison entre toutes les précautions que j'ai dû prendre durant mes six années de travail… ailleurs, et cette liberté totale d'expression, sans aucune, je répète, aucune restriction que monsieur DeSève m'a donnée devant ses caméras.

Si, il était millionnaire, affublé de tous les défauts des millionnaires, mais il était humain en plus, comme pas un de ces millionnaires.

Si, il était patron, affublé de tous les défauts des patrons, mais il était sensible au moindre problème de ses moindres employés, comme pas un de tous les patrons.

Et d'ailleurs, pourquoi essayer de transcrire plus éloquemment avec des mots ce que vous avez déjà lu si sensiblement dans l'air « *the show must go on* » que nous essayons de nous donner.

Il n'eût pas été capable, bien sûr, de bâtir votre Canal 10 sans les artistes, sans les réalisateurs, sans les techniciens, sans les employés de tous les services, sans les animateurs, sans les administrateurs, sans les directeurs.

Mais nous n'aurions, tous ensemble, pas été capables de le bâtir sans lui.

À toute sa famille, toutes nos sympathies.

Et d'autant plus qu'il nous a toujours donné l'impression d'être nous-mêmes de cette famille. »

L'hommage d'un jeune qui lui ressemble.

Dans le *Journal des Vedettes* (14 septembre 1968), le jeune propriétaire Pierre Péladeau, futur empereur de la presse, que beaucoup de traits rapprochent du défunt, souligne : « M. DeSève a été la figure dominante du monde artistique depuis que je m'y intéresse. La perte de l'homme est lourde, mais l'œuvre admirable demeure. » Un autre long article, non signé, mais probablement écrit par le rédacteur en chef Jean Dutil, en fait un éloge dithyrambique. Ironie du sort, les articles relatifs au décès de DeSève côtoient, dans la plupart des journaux, des pages publicitaires entières consacrées au lancement de la nouvelle programmation d'automne de Télé-Métropole.

Selon la volonté du défunt, le corps est exposé en chapelle ardente dans le grand salon de la résidence d'Outremont. C'est encore une coutume dans la plupart des milieux québécois d'exposer la

Parmi les landaus de fleurs, celui de Télé-Métropole ne se laisse pas oublier.

dépouille mortelle dans son domicile. Le cercueil est luxueux, comme il se doit, plombé à l'intérieur et si lourd (1800 livres, dit-on) qu'il nécessite huit porteurs, et, fait curieux, une vitre couvre sa partie ouverte, de sorte que personne ne peut toucher le visage. Pendant deux jours, Blanche Gagnon, Thérèse de Grandpré, qui connaît tout le monde, et les cadres supérieurs de Télé-Métropole accueillent la famille DeSève et les visiteurs. Des centaines de personnes viennent se recueillir près du cercueil; défilent sans interruption les employés des diverses entreprises du défunt, des artistes de tous les milieux, des relations d'affaires, même de simples téléspectateurs de Télé-Métropole. Tous n'ont que de beaux mots à dire et à répéter. Beaucoup pourraient dire, comme le confie la comédienne Germaine Giroux: « En perdant M. DeSève, je perds un vieil ami. »

À la surprise de plusieurs, la messe des funérailles est célébrée à Lanoraie. La résidence du 597, Côte-Sainte-Catherine relève de la paroisse Saint-Viateur d'Outremont, mais tous les proches savent que la paroisse officielle de J.A. est la petite municipalité de Lanaudière où il a élu domicile en 1941.

Le matin du samedi 7 septembre, jour des funérailles, le cortège funèbre emprunte la rue McEachren, voisine de la résidence, pour se rendre à l'autoroute métropolitaine par diverses rues d'Outremont et, de là, arriver en moins d'une heure à l'église de la petite ville. Nicole Piette, petite-fille de DeSève, n'a alors que neuf ans; elle a beaucoup pleuré

271

la mort de son papi lorsque sa mère l'a emmenée devant le cercueil pour un dernier regard ; elle se rappelle que 18 limousines de fleurs précédaient le corbillard. Le service de police municipal, puis la Sûreté du Québec ouvrent le cortège. Mgr Édouard Jetté, qui vient de prendre sa retraite comme évêque du diocèse, préside la liturgie ; il évoque avec beaucoup de ferveur la foi de celui qui a été son ami pendant de longues années. Yoland Guérard, populaire chanteur d'opéra et animateur à Télé-Métropole, accompagne de ses solos un chœur de Montréal. L'église est remplie à craquer de tous ces gens venus de la grande ville, et on doit en refuser l'accès à plusieurs villageois, déçus de ne pouvoir approcher leurs vedettes préférées. Le cortège des Cadillac noires reprend ensuite la route vers le cimetière Notre-Dame-des-Neiges, où le cercueil est mis en terre, dans le caveau familial acheté quelques années auparavant.

Dans le cimetière de la Côte-des-Neiges.

Le caveau (section A, numéro 38, tout près de l'entrée du cimetière) est modeste si on le compare à ceux des personnalités importantes qu'il jouxte. À l'intérieur, J.A. DeSève repose dans la partie de droite. Sur la dalle qui recouvre cette section, on peut lire le texte qu'il a lui-même composé : « Toute ma vie j'ai travaillé sans arrêt, Dieu m'a donné la santé, le courage et la volonté de bien faire, que son saint nom soit béni, ici je repose en attendant le grand jour. Joseph Alexandre DeSève. » Ainsi, au-delà de la vie, il souhaite laisser de lui la mémoire du travailleur acharné qu'il a été. Il aurait pu tout aussi bien écrire ces phrases qu'il avait confiées au journaliste Conrad Bernier en 1957 : « Je suis parti de rien. J'ai travaillé. Je travaille encore. Si un jeune homme me demandait de lui donner un art de vivre, je lui répondrais : travaille, réfléchis avant de donner ta parole et, lorsque tu promets, ne manque pas à ta promesse. » (*Nouvelles et potins*, 2 mars 1957) Dans le contrat avec le cimetière, au sujet des deux autres places, toujours inoccupées en 2008, il est prévu que le droit de s'y faire enterrer est accordé à quatre personnes : Rollande DeSève et son mari Roger Chapdelaine, Thérèse DeSève et Claude Chapdelaine. Rien ne lie toutefois ces personnes, qui peuvent choisir tout autre lieu d'enterrement ou toute autre forme d'inhumation.

La succession doit voir à ce que le tombeau soit toujours fleuri. Elle doit aussi verser 2 000 $ à la paroisse de Lanoraie, somme employée, selon le désir du testateur, « à faire célébrer des grands-messes aux intentions de mon âme », à raison d'une par semaine. À cette époque, la grand-messe coûte 5 $, ce qui signifie que, pendant plusieurs années, chaque dimanche, au prône, le nom de DeSève sera rappelé à la mémoire des paroissiens de Lanoraie.   .

Le testament

Dans toutes les conversations, l'inévitable question se pose : Que va-t-il advenir de l'héritage ? Tout le monde sait que DeSève était actionnaire largement majoritaire de toutes ses compagnies. En 1968, bien qu'il ait accordé à plusieurs collaborateurs le droit d'acheter des actions de Télé-Métropole, il détient encore 76 % de celles-ci, et l'entreprise rapporte gros. Il est à peine enterré que le 8 septembre, Jacques Francœur, dans son *Dimanche Matin*, s'interroge publiquement sur ce qu'il adviendra de l'« empire » Télé-Métropole et France-Film, en mentionnant que, puisque DeSève n'a qu'une fille, il est inévitable que ses propriétés soient vendues un jour prochain ; d'ailleurs, la rumeur fait déjà état des noms de certains acheteurs potentiels, qui demeurent toutefois limités, étant donné les millions de dollars que représentent les entreprises. Francœur, ancien journaliste, deviendra bientôt un magnat de la presse au Québec et, en 1987, après la vente de sa société Unimedia, il instituera, à 62 ans, une fondation semblable à celle de DeSève. L'hebdo à potins *Échos Vedettes* du 14 septembre, de son côté, évoque déjà une Fondation DeSève qui recueillerait tous les biens du défunt et les emploierait à la promotion des arts et des sciences, à la manière de certaines grandes fondations américaines, dont celle de la famille Rockefeller ; Roland Giguère en serait l'administrateur. Le secret du testament n'est pas aussi bien gardé que son auteur l'aurait voulu. De toute façon, il ne peut l'être longtemps, car, dans le milieu des affaires, tout ce qui se brasse devient rapidement public.

Jacques Francœur a mentionné une fille de DeSève, sans la nommer. Il s'agit de Thérèse, dont l'existence est connue, puisqu'elle a été photographiée et identifiée comme la fille du grand patron lors des célébrations d'ouverture de Télé-Métropole (*Nouvelles illustrées*), entre autres moments. Deviendra-t-elle la riche héritière ? En 1968, divorcée depuis quelques années, elle s'occupe à plein temps de l'éducation de ses trois enfants et vit principalement de ce que son père lui donne. Mais elle n'a pas été préparée à prendre la direction d'une entreprise, encore moins d'un petit empire du monde des communications. Personne ne semble connaître l'autre fille vivante de DeSève, Rollande, ni le reste de sa famille. Trois de ses frères vivent encore, mais ils ont leur vie propre, sans lien avec les entreprises de J.A., à l'exception de Julien qui y a travaillé dans l'entretien. Il est donc clair que ce ne sont ni des héritiers naturels ni des membres de la famille qui présideront ou assisteront aux conseils d'administration. Quel sera le destin de cet ensemble d'entreprises jusque-là contrôlées d'une poigne solide par un seul homme ?

Dans les mois suivant la mort de DeSève, les observateurs du milieu des affaires notent que rien ne semble bouger du côté de la succession. Les entreprises poursuivent leurs activités comme si rien ne s'était passé. Peu à peu, les grandes lignes des volontés du défunt filtrent. Le notaire Marcel Faribault, président du Trust Général du Canada, personnalité très connue dans la politique canadienne en tant que membre du Parti conservateur et ami de longue date de DeSève, présent au conseil d'administration de plusieurs de ses compagnies, en aurait été le principal concepteur, bien que le dernier testament rédigé (il serait sûrement intéressant de lire ceux qui ont précédé) n'ait pas été déposé dans son greffe, ni dans celui de Lionel Leroux, car il pourrait y avoir conflit d'intérêts, mais plutôt chez les notaires Guy Chatelain et Gaétan Morin le 25 avril 1968, donc un peu plus de quatre mois avant le décès. Il débute avec la formule suivante, souvent employée dans ce type de document : « Je recommande mon âme à Dieu et Le supplie de me faire miséricorde. »

En août 1969, interrogé par le journaliste Gilles Gariépy du *Magazine Maclean*, Faribault précise l'esprit général du testament :

« Au fond, ce testament résume parfaitement la pensée de M. DeSève. L'argent l'intéressait peu en soi. En revanche, il était fier de ses entreprises et les considérait comme une contribution au Canada français. Il a pris les dispositions nécessaires pour assurer leur survie et leur développement. [...]

M. DeSève a voulu éviter que ses entreprises subissent le sort classique de tant d'industries d'ici: l'émiettement après la mort du fondateur, à cause du fisc ou des descendants, la vente à des intérêts étrangers...»

Évidemment, Faribault sait mieux que quiconque comment certaines entreprises canadiennes-françaises ne survivent pas au décès de leur fondateur, soit parce que celui-ci les a préalablement vendues à des firmes plus importantes œuvrant dans le même secteur, soit parce qu'il n'a pas su former des successeurs. Il sait que le passage à une deuxième génération d'une entreprise qui est contrôlée par un seul homme pose toujours des problèmes. Par ailleurs, il a sous les yeux l'exemple de la famille Bombardier, dans laquelle plusieurs personnes sont impliquées, mais où c'est un gendre, Laurent Beaudoin, qui est en train de donner un souffle nouveau aux entreprises familiales. Malheureusement, il n'y a pas un tel gendre dans la famille DeSève. C'est pourquoi le scénario suivant est conçu. Premier élément du scénario: le père de famille qu'est J.A. DeSève veut assurer une certaine aisance financière à ses deux filles et à sa dernière compagne, tout en faisant profiter d'autres membres de sa famille et certains de ses amis d'une rente ou d'un legs qui le garderait dans leur mémoire pendant longtemps. Avec Faribault, il conçoit alors qu'une rente viagère annuelle serait attribuée à Rollande (qui doit en verser une partie à sa mère, «dame Juliette Chalifoux»), à Thérèse et à Blanche Gagnon. Une rente modeste, de quoi aider aux fins de mois, sera versée à sa sœur Gabrielle (qui décède toutefois le 29 mai 1968, à peine un mois après la rédaction du testament) et à ses trois frères survivants, Charles, Paul et Julien, ainsi qu'à Thérèse de Grandpré et à Mgr Édouard Jetté ; enfin, une rente plus modeste doit être versée à Laurette Papineau, collaboratrice dans les années 1930 (probablement au moment des crémeries). Une disposition étonne : la rente prévue pour Thérèse sera versée à ses trois enfants si elle se remarie (« considérant en pareil cas que si ma fille se remariait, mon premier devoir se trouverait alors à l'égard de mes petits-enfants ») ; c'est presque la condamner à un célibat perpétuel. Ces rentes seront indexées au coût de la vie, et même en fonction des variations possibles de la valeur du dollar canadien par rapport au dollar américain. Objectivement, la rente annuelle pour ses deux filles et pour Blanche représente un montant appréciable, supérieur à ce que gagnent alors la majorité des professeurs et l'ensemble des artistes, si l'on veut un point de comparaison.

Des petits legs particuliers sous forme de montants d'argent sont attribués à son seul petit-fils, Jean Alexandre Piette, aux deux garçons de Blanche et aux deux enfants de Gilles Bernard, le fils de son ancienne maîtresse. Ils en seront bénéficiaires quand ils atteindront 25 ans. Bizarrement, la fille de Rollande, Claude Chapdelaine, et les deux filles de Thérèse, encore enfants, sont oubliées ; elles auront toutefois droit à la rente de leur mère respective lors de son décès, ce qui ne peut se produire que bien plus tard, étant donné leur âge. Toutefois, si l'on considère la tradition et la mentalité familiales qui permettent d'espérer une vie nouvelle à la suite d'un héritage, les clauses du testament visant les héritiers légaux ont dû paraître décevantes, voire misérables. Le testateur a-t-il prévu cela ? Possiblement, mais son évaluation du coût de la vie devait lui sembler raisonnable, et peut-être pensait-il que ses héritiers devaient faire comme lui le dur apprentissage de la vie et qu'il ne fallait pas leur mettre le bien-être tout cuit dans le bec.

Comment ont réagi les principales personnes intéressées et les autres membres de la famille qui espéraient recevoir davantage ? Ils ne l'ont pas manifesté publiquement. Curieusement, rien n'est prévu pour les études des trois enfants de Thérèse, qui n'en sont encore qu'aux premiers niveaux scolaires. Cette dernière a d'ailleurs la mauvaise surprise d'apprendre que la maison de Laval qu'elle croyait sienne comme don de son père appartenait à la succession et que, si elle voulait la conserver, elle devait l'acheter, ce qu'elle a fait. Cela l'a mise dans une situation financière précaire, surtout parce qu'elle était seule pour subvenir aux besoins de la famille. Pourtant, le testament prévoyait que, dans des cas de ce genre, les fiduciaires avaient le pouvoir d'accorder de tels dons à la famille, tout comme la liberté de donner des souvenirs, des bijoux et des œuvres d'art aux légataires, ce qu'ils n'auraient fait que très parcimonieusement, au grand déplaisir des petits-enfants. Roland Giguère, celui qui, pratiquement, décide de tout à ce moment, choisit une ligne dure. Il aurait pu transférer les titres de possession de la maison de Laval à Thérèse, mais il ne l'a pas fait. Aurait-il reçu une consigne spéciale au sujet de la famille ? Longtemps plus tard, il évoque la « charité » de son ancien patron : « On a trouvé, dans un coffret, nombre de billets à demande pour des sommes prêtées à des citoyens de la ville, à des artistes en particulier puis ça datait déjà de… Nous avons décidé d'annuler ces demandes-là, tout simplement. »

Le testateur craignait-il que ses héritiers puissent être tentés de contester certaines clauses du testament jugées trop chiches envers eux ? Sûrement, puisque l'article dixième prescrit :

« Aucun des bénéficiaires de ma succession ne pourra attaquer, contester ou critiquer aucune des dispositions du présent testament, sous peine d'être déchu de son legs, sans autre formalité. Tout autre de mes héritiers légaux qui tentera ou se permettra de contester, critiquer ou attaquer par voie du tribunal mon présent testament sera également déchu de son droit d'héritage. »

Il n'y a pas eu de contestation…

En fait, dans son testament, J.A. DeSève exprime une préoccupation plus fondamentale que celle manifestée à l'égard de ses héritiers « naturels ». D'une certaine façon, en continuité avec ses engagements antérieurs, il veut faire de tous les Québécois ses bénéficiaires. C'est pourquoi, second élément du scénario, lui et Faribault ont inventé un modèle de succession alors inédit :

« Je lègue le résidu de tous mes biens, meubles et immeubles, droits et actions quelconques qui composeront ma succession à mon décès, de quelque nature qu'ils soient et en quelque lieu qu'ils soient situés, y compris les assurances émises sur ma vie, à mes exécuteurs testamentaires ci-après nommés que j'institue mes légataires résiduaires universels en fiducie. Ceux-ci, après avoir pourvu aux impôts, dépenses, frais et indemnités, ci-après prévus, ainsi qu'aux legs particuliers ci-dessus et avoir gardé suffisamment de capital, savoir, une somme n'excédant pas deux millions de dollars ($ 2,000,000,00) pour assurer le paiement des rentes ci-dessus déterminées, devront employer le surplus des capitaux et revenus de ma succession pour distribuer dans la province de Québec suivant leur discrétion à des œuvres de charité, de bienfaisance, d'éducation, d'assistance sociale, de recherche scientifique, y compris la recherche médicale et sociale, aussi bien d'ailleurs qu'en prêts d'honneur à des étudiants de préférence de nationalité canadienne-française et de la religion catholique qui, dans leur opinion, méritent d'être encouragés et aidés, tels prêts d'honneur pouvant être faits aux conditions et pour le temps déterminé par mes exécuteurs testamentaires et légataires fiduciaires avec ou sans intérêts. »

À ces légataires fiduciaires, qui détiennent désormais tous les pouvoirs que détenait DeSève lui-même, celui-ci recommande ensuite de ne pas morceler les entreprises à moins que cela ne devienne impossible de les conserver comme un tout ou qu'il advienne, ce qu'il ne souhaite pas, que des ventes soient préférables pour le bien de la succession. Si la dernière hypothèse devait survenir, il leur demande de le faire «au profit de groupements canadiens-français».

Aux postes de fiduciaires, il nomme des associés et amis de longue date, qui sont bien au fait de ses volontés et de l'esprit qui les motive: Lionel Leroux, Marcel Faribault, Émile Maheu (comptable, son vérificateur), Roland Giguère, Léo Lavoie (président de la Banque provinciale), tous des gens compétents dans la gestion des grosses affaires. Ces administrateurs ont les pleins pouvoirs sur toutes les opérations de la succession et n'ont de comptes à rendre à personne. DeSève leur fait tellement confiance qu'il ne prévoit aucun mécanisme de surveillance des décisions qu'ils pourront prendre. À titre personnel, ils sont aussi actionnaires minoritaires de Télé-Métropole, ce qui peut causer des conflits d'intérêts, car, normalement, le bénéficiaire d'une fiducie ne doit pas en être le seul administrateur; de plus, ils siègent tous aux conseils d'administration des entreprises. Faribault le reconnaît: «Je sais. Cela nous rend vulnérables à la critique. Nous sommes à la fois actionnaires du 10, administrateurs de la succession et donc de la majorité des actions des entreprises DeSève, et administrateurs de la fondation.»

Mais DeSève a évalué que ses amis, dont il ne doutait pas de la fidélité et des bonnes intentions, auraient un intérêt supplémentaire à bien gérer Télé-Métropole puisque, en tant qu'actionnaires, ils en profiteraient personnellement tout en faisant en sorte que la succession engrange davantage de revenus. Ce travail de gestion de la succession n'est pas du bénévolat. Comme rémunération, les fiduciaires en reçoivent 6 % des revenus bruts, ce qui est encore un incitatif, s'il en est besoin, à en augmenter le rendement. Quand l'un d'eux doit se retirer, les quatre autres cooptent un nouvel administrateur qui obtient les mêmes droits et privilèges que ses collègues, et de qui ils doivent s'assurer qu'il comprend bien les visées philanthropiques du testateur. En 2008, plus qu'un seul des cinq fiduciaires a été un proche collaborateur de DeSève ; les autres ont été minutieusement choisis. Finalement, DeSève recommande de confier l'administration des biens de la succession au Trust Général du Canada, que dirige Faribault, ce qui est évidemment fait. C'est donc cette institution qui reçoit le capital et les revenus qu'il génère, qui sont de deux ordres : les dividendes apportés par Télé-Métropole et les autres compagnies, et ceux des placements qu'elle-même effectue.

Les rentes versées, les frais de gestion assumés, les sommes restantes doivent être transférées à une fondation chargée de distribuer 90 % de ses revenus aux œuvres de charité et d'éducation, tel que mentionné plus haut. Comme DeSève avait créé lui-même une telle fondation en 1966, c'est celle-ci qui accueille les nouveaux administrateurs et reçoit une partie des fonds. Pour des raisons fiscales, les fiduciaires créent une autre entité de bienfaisance, les Œuvres de charité J.A. DeSève. Les deux entités, administrées par les mêmes personnes, fonctionnent parallèlement pendant une trentaine d'années, puis elles fusionnent au début des années 2000. Il faut aussi spécifier que les donateurs ne dépensent que les revenus, sans toucher au capital ; en fait, bien qu'ils n'y soient pas obligés, ils s'efforcent de l'augmenter, ce qu'ils réussissent à accomplir année après année, malgré les fluctuations de l'économie.

Jusqu'en 1986, les revenus de la Fondation J.A. DeSève demeurent modestes. Mais cette année-là, les fiduciaires acceptent de vendre Télé-Métropole à la compagnie Vidéotron d'André Chagnon. La succession se départit de son principal joyau, mais c'est pour mieux progresser. Selon les volontés exprimées dans le testament, le célèbre Canal 10 est vendu à une entreprise canadienne-française. Du coup, 140 millions de dollars entrent dans ses coffres. À partir de ce moment, les dons se multiplient et ils peuvent prendre plus d'importance. En 2008, le capital se chiffre à environ 200 millions de dollars, plus la valeur aux livres des compagnies que possède la Fondation : France-Film et ses filiales (les films Équinoxe, Tel-Spec, Théâtre St-Denis), ce qui représente aussi de nombreux millions. Il est d'ailleurs assez remarquable que France-Film ait pu survivre à la tourmente qui a accompagné la transformation de la diffusion du cinéma depuis le milieu des années 1980.

Il suffit d'une rapide recherche sur Internet pour constater l'ampleur des actions de la Fondation J.A. DeSève. Les grands hôpitaux et universités canadiens-français, mais aussi l'anglophone Concordia University, ont presque tous un pavillon, un centre de recherche ou un édifice J.A. DeSève. La Fondation ne demande jamais que le nom de DeSève soit attribué à une institution bénéficiaire, tout au plus, elle l'autorise. Des œuvres sociales avec une forte implication communautaire, comme le Centre des loisirs Immaculée-Conception, le Chaînon, la Maison du Père, reçoivent régulièrement des dons qui sont essentiels à leur fonctionnement. Les fiduciaires n'accordent plus de « prêts d'honneur » à des étudiants, comme DeSève le faisait à titre personnel, mais ils confient aux universités ce qu'il faut pour attribuer plusieurs bourses d'études ou de perfectionnement à des étudiants performants. Ils aident aussi des écoles spécialisées dans la musique pour les jeunes, comme celles d'Orford ou du Domaine Forget. Aux Îles-de-la-Madeleine, ils subventionnent un organisme très sérieux qui aide les jeunes à pouvoir étudier sur le continent. Les Grands Ballets canadiens et l'Orchestre métropolitain de Montréal sont parmi les organismes culturels qui reçoivent aussi une aide. Depuis le début, plus de 220 millions de dollars ont été ainsi distribués à différentes œuvres.

UQÀM, pavillon DeSève.

Épilogue

Quelques mois après le décès de J.A. DeSève, la Ville de Montréal rebaptise la rue Maisonneuve, sur laquelle sont situées toutes les compagnies du disparu, qui devient la rue Alexandre-DeSève. Ce choix s'impose : personne ne doute que le nom de cet homme mérite de figurer dans la toponymie de Montréal. Désormais, toutes les personnes qui se rendent à Télé-Métropole pour participer à une émission, artistes, artisans et public en studio, ne peuvent ignorer le nom du fondateur de l'institution. Télé-Métropole changera de nom deux décennies plus tard, mais pas la rue, ni l'appellation familière de « Canal 10 ». Il s'agit aussi d'un bon coup pour la municipalité, car le nom de Maisonneuve, le fondateur de Montréal, devient ainsi disponible pour une artère plus importante, de sorte que, la même année, la rue de Montigny devient le boulevard de Maisonneuve.

Raconter une vie humaine riche en péripéties et en activités de toutes sortes, c'est reconstituer un immense casse-tête. Dans le cas de J.A. DeSève, la difficulté était d'autant plus grande que les pièces étaient dispersées un peu partout ; certaines étaient bien cachées dans des placards familiaux, dans des fonds d'archives ou dans des coupures de presse provenant de médias depuis longtemps disparus. Quelques-unes manquent encore, parce que leurs propriétaires refusent de les dévoiler. On ne les connaîtra peut-être que dans une autre génération. Malgré tout, les pièces qui ont pu être réunies permettent de découvrir la trame essentielle de la vie de cet entrepreneur qui a tout fait pour n'imiter personne et pour tracer lui-même la ligne originale de son destin.

Un cinéphile le remarque assez rapidement, la vie de DeSève présente beaucoup de ressemblances avec celle qu'Orson Welles a racontée dans son célèbre *Citizen Kane*, un des plus grands chefs-d'œuvre du cinéma : même séparation d'avec le père dans l'enfance (quoique dans des circonstances différentes) ; même démesure dans le travail ; même tempérament amoureux et mêmes troubles relationnels ; mêmes problèmes familiaux, avec abandon de femme et d'enfants ; même mystère entretenu au sujet de sa vie privée ; mégalomanie semblable concernant ses résidences ; même manière de manipuler la presse et même manie du secret ; même façon d'embaucher la concurrence ; etc. Comme différences, qui sont de taille, il y a surtout le fait que le jeune Kane peut fréquenter les meilleures écoles et qu'il entre en possession d'une immense fortune à l'âge de 25 ans, ce qui le situe bien loin de notre J.A. A-t-on pour DeSève l'équivalent du célèbre « Rosebud » qui, à la toute fin de *Citizen Kane*, vient fournir une importante clé d'interprétation ? On peut le penser. Cette clé serait le traumatisme vécu lors du décès du père, qui s'est transformé en une peur panique et constante de la pauvreté et de l'insécurité, peur qu'il combat par un travail acharné.

N'eût été le décès de son père en 1907, la famille petite-bourgeoise de J.A. DeSève aurait pu lui offrir la possibilité de devenir avocat comme son grand-père ou comptable comme son père. Il n'a que 11 ans lorsque son père meurt. Il réalise alors qu'il devra apprendre à se débrouiller seul, ce qu'il commence à faire deux ans plus tard. En moins de deux décennies, par l'observation, par ses lectures et par ses questions à ses employeurs, il apprend ce que représente le métier d'entrepreneur au Québec. Dans sa famille proche, il n'a eu pour modèles que des gens exerçant des professions libérales, pas d'hommes d'affaires. Or, un homme d'affaires qui n'aura à tenir compte de personne d'autre pour décider de ses entreprises, voilà précisément ce qu'il veut devenir, dès ses premières expériences de vendeur sur les trains du Canadien Pacifique.

Jamais de grégarisme chez lui : encore adolescent, même dans sa grande famille, il tient à son indépendance. Dès qu'il en a la possibilité, il quitte son milieu, il limite les relations avec ses frères et sœurs, tout en fournissant cependant une aide financière occasionnelle à certains et en acceptant de servir de parrain pour quelques neveux. Il n'a pas vraiment le sens de la famille, ni avec ses enfants ni avec la parenté, ce qui ne l'empêchera pas, plus tard, de se gargariser continuellement de la « grande famille » de France-Film ou de Télé-Métropole. Pour lui, rien ni personne ne doit freiner ses ambitions, pas même les femmes qu'il s'amuse à séduire. A-t-il jamais vraiment aimé une femme ? On peut en douter. Ce qu'il aime avant tout, c'est le pouvoir qu'il a de susciter leur admiration envers lui, d'en faire des admiratrices prêtes à lui pardonner toutes les infidélités, lesquelles viennent moins d'une aventure avec une autre femme, bien que ce fût souvent le cas, que de la constatation que jamais personne ne compte autant pour lui que les livres de comptes de ses compagnies, que ses rendez-vous d'affaires, que le plaisir qu'il éprouve à boucler une transaction avantageuse.

Le testament spirituel de J.A.

Pour lui, la quête importe plus que la conquête. Quand un sommet est atteint, il lui faut partir vers une nouvelle aventure, plus difficile, souvent plus périlleuse. Son ami Marcel Faribault le souligne : l'argent lui importait moins que la satisfaction de créer et de contrôler des compagnies appelées à durer. En 1960, DeSève, âgé de 64 ans, au moment où il travaille à la mise en place de Télé-Métropole, fait à Rudel-Tessier les confidences suivantes :

« Je vais vous dire ce qui me rendrait encore plus heureux, me dit-il, les yeux brillants. Ce serait de me retrouver, demain matin, pauvre comme je l'ai été si longtemps et si souvent. Avec les seuls vêtements que j'ai sur le dos en ce moment. Je recommencerais ! Et je serais plus heureux que je ne l'ai été depuis longtemps. J'aurais un plaisir fou et je gagnerais au moins 100 000 dollars ! La première année ! »

Est-il sincère ? Au plus profond de lui-même, probablement pas. Cependant, cette réflexion correspond parfaitement au personnage qu'il s'est créé dès les années 1930 et qui a pris la plus grande place dans son esprit. Sa légende, il en est profondément imprégné, et c'est la seule version qu'il se permet, rarement, d'offrir aux journalistes.

À 13 ans, vendre de menus articles dans les trains – ce qui est surtout un jeu pour un adolescent – en fait un entrepreneur indépendant. C'est ce qu'il réussira à demeurer toute sa vie. Il a déjà envie de devenir riche, parce que s'enrichir, c'est sortir de l'anonymat du milieu ouvrier et devenir quelqu'un dans la société. Dans la première moitié du XXᵉ siècle, des milliers de jeunes Canadiens français de sa génération, dans différents secteurs de l'économie, démarrent une entreprise, car ils ont décidé très tôt de démentir l'adage «né pour un petit pain». Ils veulent casser le miroir qui leur renvoie une image de perdant. Ils n'ont pas la partie belle toutefois: la crise économique de 1929 et la concurrence de sociétés américaines qui cherchent à accaparer tout le territoire ne leur facilitent pas les choses. Beaucoup de ceux qui réussissent à bâtir des compagnies rentables se laissent tenter de vendre à un plus gros et s'en vont profiter des plages floridiennes. J.A. DeSève n'est pas de ceux-là. Au contraire, il tient à ses compagnies, et s'il lui faut à l'occasion se débarrasser d'un canard boiteux (Renaissance, en 1951, par exemple), c'est pour mieux assurer la survie des autres firmes.

Il est de la race de ces obstinés, les Édouard Simard, Armand Bombardier, Édouard Lacroix, Roger Dutil, bientôt Pierre Péladeau, Jean Coutu, André Chagnon, etc., qui s'investissent entièrement dans leur travail, qui tiennent à leur indépendance et qui n'ont pas l'intention de céder le fruit de leur travail à des multinationales. À la différence de ces personnes, il n'a pas eu à inscrire ses compagnies à la Bourse et, comme il les contrôlait presque totalement, il ne nommait à ses conseils d'administration que des amis qui ne le contrediraient en rien et qui avaliseraient toutes ses décisions. Personne, par exemple, n'aurait osé contester le fait que, en plus de son salaire, France-Film lui fournissait une somptueuse résidence à Outremont, le prétexte en étant les rendez-vous d'affaires qui y avaient lieu, et qu'elle défrayait une grande partie de ses dépenses personnelles qui n'avaient rien à voir avec son poste (par exemple, des employés de France-Film allaient repeindre les bâtiments de son domaine de Lanoraie sur leur temps de travail, et des frais de voyages sans lien avec les affaires étaient imputés à l'entreprise). Il n'était pas du genre à écouter les conseils, étant toujours convaincu que personne ne connaissait mieux les dossiers que lui. Au contact des quelques notaires brillants qui étaient de ses amis, il avait développé une vraie mentalité de notaire et abusait de procédures légales pour embrouiller même ses partenaires en affaires. Il s'embarrassait peu de scrupules quand il partait en guerre pour acquérir une compagnie ou une propriété, conservant jusqu'à la fin de sa vie une agressivité de batailleur de rue prêt à écraser tout adversaire. Au fond, il fut l'un de ces derniers entrepreneurs québécois qui avaient encore une mentalité du XIXe siècle. Il a pu atteindre ses objectifs parce que le Québec entier, qui amorçait à peine sa Révolution tranquille, fonctionnait toujours selon des modèles du passé.

Cette mentalité d'entrepreneur implacable, couplée à un esprit paternaliste, lui inspire paradoxalement beaucoup de gestes de générosité envers des collaborateurs, et même envers des inconnus. Peut-être veut-il ainsi alléger le jugement qui tombera quand il fera face à son Dieu… Il se reconnaît dur en affaires, sans pitié pour les plus faibles. Pour lui, si on veut aller de l'avant, il faut écarter tous ceux qui peuvent bloquer notre élan. S'il s'est efforcé de rester dans la légalité, ses décisions ont souvent été éloignées de la charité qu'on professe à l'église qu'il fréquente. Beaucoup de personnes ont de sérieuses raisons de lui en vouloir. En contrepartie, dès les années 1940, il paye en tout ou en partie les études classiques ou universitaires de plusieurs jeunes hommes sans rien leur demander en retour ; peut-être espère-t-il en faire de futurs collaborateurs, lui qui n'a pas de fils, mais la vie en décide autrement. Il est un fidèle mécène pour le village de Lanoraie. Les moines de Saint-Benoît-du-Lac, ainsi que bien d'autres institutions charitables, bénéficient de ses largesses. Robert L'Herbier raconte ce qui s'est produit en 1963, lors du décès de son épouse Rolande Desormeaux : « C'est J.A DeSève qui a tout payé : le cercueil, les funérailles, tout. Il m'a même prêté sa voiture pendant deux jours. Mes parents étaient venus de Sherbrooke et je suis allé les reconduire avec la Cadillac de J.A. Quand il aimait, J.A. était très généreux. » Des dizaines d'anecdotes rapportent des petits gestes de ce genre. À plusieurs reprises, on a vu DeSève sortir de la petite poche de son gilet un billet de banque pour régler un problème. Sa générosité n'est pas ostentatoire ; au contraire, il demande à ses bénéficiaires de la garder secrète. Il ne fait jamais état non plus de son mécénat auprès d'institutions culturelles et caritatives ; tout au plus consent-il à ce que celles-ci utilisent son nom. Encore aujourd'hui, pour respecter cet esprit, les fiduciaires de la Fondation ne demandent jamais qu'on baptise du nom de DeSève une institution qui ne verrait pas le jour sans son aide. Mais on peut supposer que J.A. DeSève ne détesterait pas voir son nom ainsi affiché publiquement, tout comme il jouirait sans doute en constatant, de la fenêtre, que sa limousine s'engage sur la rue Alexandre-DeSève.

Comme patron, DeSève exigeait toujours beaucoup de ses employés. Obsédé par le travail, il ne respectait que ceux qui étaient prêts à en faire autant que lui. Il ne s'en cachait pas, racontant à Rudel-Tessier :

« D'une façon, je suis surhumain. J'ai une capacité de travail – que j'ai acquise par volonté et par entraînement – qui dépasse la commune mesure, et je l'oublie souvent. Alors, je suis très exigeant. Les autres appellent peut-être cela être inhumain… Mais je me suis refusé trop d'excuses à moi-même pour accepter volontiers celles des autres… J'ai été trop dur à mon corps pour ne pas être agacé par les douillets. »

Effectivement, il ne fallait pas être « douillet » lorsqu'on travaillait pour lui. Ce qui ne fut pas sans provoquer quelques frictions. Gilles Loslier, coresponsable du service des ventes de publicité à Télé-Métropole, raconte que, père de jeunes enfants, il voulait rentrer à la maison à des heures décentes ; c'était le cas de plusieurs autres cadres. La riposte du patron fut d'organiser une fête avec les épouses, comprenant dîner spécial et cadeaux, pour les convaincre de l'importance de leur mari et du fait que c'était pour leur avenir et celui de leurs rejetons que tout le monde devait s'imposer des sacrifices. À cause de sa propre façon de réagir avec son épouse, puis avec ses maîtresses, DeSève pouvait difficilement comprendre que d'autres agissent autrement. Comme lui-même ne s'est jamais accordé le plaisir de voir grandir ses enfants, peut-être parce qu'il n'avait pas de garçon, il ne comprenait pas que cela soit important pour ses jeunes collègues. Loslier ajoute : « Le travail était la solution miracle pour lui. Quand un collaborateur a perdu sa femme, DeSève lui a dit : " Je comprends ta peine, prends un peu de vacances, mais c'est en revenant travailler qu'on peut le mieux se libérer de sa peine." » C'est de cette façon que lui-même a toujours composé avec les décès et les ruptures qui ont jalonné son existence.

Comment en est-il arrivé là ? Son histoire personnelle aurait pu l'emmener dans une tout autre direction. Il a souffert de la disparition de son père au moment où il avait besoin d'un modèle pour construire sa personnalité naissante. « Père manquant, fils manqué », écrira longtemps après un psychologue à la mode. DeSève voudra prouver exactement le contraire, et il y réussira en bonne partie. Ce que son père, prématurément disparu, n'a pas eu l'ambition de réaliser, lui s'acharnera à le faire et il y consacrera toutes ses énergies, à la manière des Eugène Guay et Joseph Dagenais, héros de son enfance à Saint-Henri, qui « se sont faits tout seuls ». À sa manière, il est un modèle de résilience. D'enfant pauvre, il est riche à 45 ans, mais sa passion des affaires lui a fait négliger beaucoup d'autres passions. C'est au prix d'un foyer brisé, de relations instables et d'amitiés trahies qu'il a atteint ses premiers sommets. Si sa première ambition est de sortir de Saint-Henri, quartier déjà associé à un certain misérabilisme, ce n'est pas par snobisme, mais par besoin de rupture avec une culture de la dépendance et du manque d'initiative, un monde qui ne propose pas de rêves stimulants à ses enfants. Sortir de Saint-Henri non pas par dépit, ni pour conquérir Montréal, mais simplement pour se donner les moyens de rêver à une vie différente.

DeSève se veut indépendant en tout. Dans son milieu, le non-conformisme qu'il affiche est rare à l'époque. Il lui en faut une bonne dose pour se séparer de sa femme vers 1930, pour reconnaître une fille « illégitime », puis pour vivre avec des femmes sans être marié. Qui d'autre que lui aurait osé amener ses maîtresses à la messe dominicale à Lanoraie sans craindre la réprobation (il faut dire que sa générosité envers la paroisse et les bonnes relations qu'il entretient avec le curé l'autorisent à braver n'importe quel regard), ou encore en faire des hôtesses à sa maison d'Outremont où il accueille des personnalités politiques locales et des célébrités françaises? Qui d'autre emmènerait avec lui une femme autre que sa légitime, avec qui il vit maritalement, à une audience semi-privée avec le pape? Il a le même genre d'attitude en affaires. Il ne peut ignorer qu'on médit dans son dos, mais il n'a pas de temps à perdre à s'en préoccuper. Il reste insensible à ce qu'on raconte ou pense de lui. Que l'on dise du bien ou du mal le laisse froid : mieux que tous ses laudateurs et détracteurs, il sait quand et à quel point les uns et les autres ont raison... Seulement, ses confidences à la presse sérieuse et aux journaux à potins sont tellement rares que les potineurs ont bien peu à se mettre sous la dent. Ceux à qui il révèle ce qu'il veut bien qu'on sache, Roger Champoux et Rudel-Tessier, par exemple, sont des bénéficiaires de ses largesses et ils s'emploient à transmettre fidèlement le message sans sortir du corridor défini et sans faire leur véritable travail de journaliste. Même 10 ans après son décès, sa « garde rapprochée » de collaborateurs de longue date, les Georges Arpin, Thérèse de Grandpré et Lionel Leroux, restent avares d'informations, comme pour le protéger, ce dont il aurait sans doute ri.

Il lui faut aussi une dose particulière de non-conformisme pour déterminer les clauses de son testament. Qu'il choisisse de faire de la collectivité son principal héritier est son droit le plus strict. Mais qu'il se montre mesquin envers sa famille a tout pour étonner. Par exemple, la succession doit accorder des prêts d'honneur « avec ou sans intérêts » pour des étudiants méritants, alors que rien n'est prévu pour les études de ses trois petits-enfants d'âge scolaire, qui devront eux-mêmes financer leurs propres études. Le grand-père ne peut ignorer le coût des études collégiales et universitaires, ni le fait que la rente accordée à sa fille Thérèse ne pourra suffire. Que s'est-il passé ? Car cela ne correspond pas à sa façon d'agir avec les enfants de Thérèse, lui qui les a d'abord envoyés dans d'excellents pensionnats pour leur assurer la meilleure éducation de base possible. Cette volte-face cache sans doute des drames familiaux dont personne n'a encore voulu parler.

Cela ne relève pas non plus de son attitude envers l'argent en général. Les biographes de Joseph-Armand Bombardier racontent qu'il avait un rapport difficile avec la richesse, car il était profondément croyant et il prenait à cœur cette parole de l'Évangile : « Il est plus facile à un chameau d'entrer par le trou de l'aiguille qu'à un riche de parvenir au royaume des cieux. » Le génial inventeur n'aimait pas dépenser pour lui-même et tenait à un train de vie modeste ; il craignait pour son salut éternel... Rien de tel pour DeSève. Il a entendu cet enseignement à l'église, mais cela ne l'a sans doute jamais impressionné. Pour lui, la richesse découle de ses réussites en affaires et provient de ses talents, qu'il a su exploiter. Il ne se sent pas coupable de devenir riche, surtout parce qu'il est un autodidacte. Il n'a jamais eu la tentation d'avarice et il n'avait rien du Séraphin trouvant son seul plaisir en caressant son or. Probablement n'a-t-il jamais réfléchi sur la dichotomie entre ses pratiques et les valeurs qu'il aimait afficher. Dans son esprit de croyant, il ne doute pas qu'il saura s'expliquer avec saint Pierre quand il frappera à la porte du paradis...

À ce moment-là, il pourra évoquer tout ce qu'il s'est efforcé de réaliser pour l'avancement de la société canadienne-française. Et puisque, dans son univers culturel religieux, l'entrée dans l'éternité signifie une sortie du temps et donc une vision complète de l'avenir, il pourra mettre de l'avant toutes les réalisations de sa fondation... ce qui pourra faire pardonner beaucoup de choses. Mais il ne pourra échapper à une période de purgatoire...

J.A. DeSève a-t-il été un homme heureux ? C'est une question qu'il n'aborde jamais en entrevue. On le voit rarement sourire sur les photos. Est-ce un signe ? Il a réalisé tous ses rêves de richesse et d'accomplissement par le travail ; il en a obtenu une grande reconnaissance sociale. Mais il n'est pas parvenu à faire le bonheur de ses compagnes et de ses enfants. Ses petits-enfants lui doivent quelques beaux souvenirs de leur jeune âge, mais ils n'ont pu compter sur un papi par la suite. Il a organisé sa vie principalement en fonction de la richesse, sans se garder d'énergie pour penser au bonheur. Lui-même issu d'une famille nombreuse, il aurait pu reconstituer une « tribu » et l'impliquer dans ses réalisations, mais il a préféré en rester distant. Son altruisme n'a pas su triompher de son égocentrisme. Indéniablement, il a beaucoup souffert de la solitude, mais il n'a jamais cherché à retrouver le fourmillement de la vie sur la rue Delinelle à Saint-Henri. Il avait de multiples talents, mais peut-être n'était-il pas doué pour le bonheur.

Crédits

Note : Les vignettes publicitaires pour les films et pour divers événements ont été tirées des journaux et magazines suivants : *La Patrie, La Presse, Le Petit Journal, Le Courrier du cinéma, Le journal des vedettes, Dimanche-Matin.*

Index

Table des matières

La production du titre *J.A. DeSève. Diffuseur d'images* sur du papier Rolland Enviro100 Édition, plutôt que sur du papier vierge, réduit notre empreinte écologique et aide l'environnement des façons suivantes:

Arbres sauvés: 11
Évite la production de déchets solides de 307 kg
Réduit la quantité d'eau utilisée de 29 040 L
Réduit les matières en suspension dans l'eau de 1,9 kg
Réduit les émissions atmosphériques de 674 kg
Réduit la consommation de gaz naturel de 44 m^3

C'est l'équivalent de:
Arbres: 0,2 terrain de football américain
Eau: douche de 1,3 jours
Émissions atmosphériques: émissions de 0,1 voiture par année

Marquis imprimeur inc.

Québec, Canada,
septembre 2008